吕诚华画传
1924—2012

吕立宪 编著

东方出版社
The Oriental Press

图书在版编目（CIP）数据

吕诚华画传 / 吕立宪编著 . — 北京：东方出版社，2024.3
ISBN 978-7-5207-3766-1

Ⅰ.①吕⋯ Ⅱ.①吕⋯ Ⅲ.①吕诚华—画传 Ⅳ.① K826.16-64

中国国家版本馆 CIP 数据核字（2023）第 217887 号

吕诚华画传
（LÜ CHENGHUA HUAZHUAN）

编　著　者：	吕立宪
责任编辑：	张永俊
责任审校：	金学勇　赵鹏丽
封面油画：	邓金楠
装帧设计：	FAJUN WONDERLAND QQ:2821598445
出　　版：	东方出版社
发　　行：	人民东方出版传媒有限公司
地　　址：	北京市东城区朝阳门内大街 166 号
邮　　编：	100010
印　　刷：	北京文昌阁彩色印刷有限责任公司
版　　次：	2024 年 3 月第 1 版
印　　次：	2024 年 3 月第 1 次印刷
开　　本：	710 毫米 ×1000 毫米　1/16
印　　张：	15
字　　数：	125 千字
书　　号：	ISBN 978-7-5207-3766-1
定　　价：	88.00 元

发行电话：（010）85924663　85924644　85924641

版权所有，违者必究

如有印装质量问题，我社负责调换，请拨打电话：（010）85924602　85924603

吕诚华 1955 年于沈阳。

前 言

1945年8月6日，随着一声巨响，巨大的蘑菇云在日本长崎上空升腾。世界上第一颗原子弹的爆炸，标志着人类战争进入核时代。

核武器几乎成为战争的终极武器，有如一把巨大的达摩克利斯之剑，时刻悬在全人类的头上。人们意识到，只有核战略制衡才是制止核战争最有效的办法。

中华人民共和国的成立，标志着中华民族从此站起来了。但毋庸讳言，1949年的新中国，是在一片废墟中建立起来的，百年积贫积弱，让我们这个古老的国家处于百废待兴的关键时刻。当历史的车轮滚滚向前的时候，"两弹一星"的研发成功，毫无疑问地成为中华民族伟大复兴的坚强基石。

新中国成立初期，特别是被迫卷入抗美援朝战争时，一穷二白的经济更是千疮百孔。国际上我们也面临着空前的紧张局势，冷战全面爆发，以美国为首的西方世界在我国周边全面布局，时刻准备颠覆新生的共和国。面对如此的国内外局面，党中央、毛主席从国家战略和国家长治久安考量，决定立即上马"两弹一星"工程。从此，中国全面开展原子弹、导弹和人造卫星的研制。

"两弹一星"伟大事业，体现了党中央的英明决策和领导，体现了科学家和广大科技工作者的伟大实践和创新，同时也体现了数万从事一线试验的解放军指战员的艰苦创业和无私奉献。人民将永远铭记：他们也是"两弹一星"伟大事业的奠基者和开拓者。

吕诚华，数万名从事"两弹一星"一线试验任务的解放军指战员之一。1924年，吕诚华出生于山西兴县一个城市贫民家庭。他13岁投身抗日救国，14岁成为一名八路军战士，后被送到延安自然科学院学习。延安自然科学院是抗日战争时期我党我军学习研究自然科学的最高学府，吕诚华在这里接受了科学文化的启蒙教育并加入了中国共产党。

抗日战争后期，吕诚华任中央机要科译电员。解放战争期间，吕诚华曾任中央前委机要秘书，随毛泽东主席、周恩来副主席等中央领导转战陕北和华北。抗美援朝战争中，吕诚华主动要求到朝鲜前线，并任志愿军司令部机要处办公室主任等职，后任志愿军20兵团防化兵部主任。

1950年9月，在酝酿中国是否出兵、如何出兵抗美援朝的时候，面对美国的核威胁，毛泽东就指出："美帝国主义也可能在今天要乱来，不是普通的打而是打原子弹，我们要有充分准备。"

为了防备美国在朝鲜"打原子弹"，志愿军根据毛泽东的指示认真做了准备。组建防化兵，这是我军在第二次世界大战后建立起来的新型作战力量。我军防化兵的主要职责，就是对敌原子武器核攻击、化学武器攻击和生物武器攻击实施全面防护。吕诚华在实践中不断摸索、积累与核化武器有关的知识和防护办法，主动在战争中学习战争。刻苦学习新知识，努力掌握新技术，为吕诚华后来从事"两弹一星"事业奠定了坚实的基础。

1957年12月，吕诚华是志愿军20兵团首批随孙继先司令员从朝鲜回国，受领筹建我国导弹综合试验靶场任务五人小组成员之一。对此，吕诚华深感使命光荣、责任重大。当年他仅有33岁，却已是入伍20年的我军师职干部。但吕诚华像新兵一样，无条件地投入"两弹一星"事业之中。

1957年底至1958年底，吕诚华亲历了20训练基地的勘察和组建工作。20训练基地地处西北大漠腹地，荒芜人烟，工作和生活条件极其艰苦。随后，吕诚华又参加了北京长辛店中国人民解放军炮兵教导大队的培训和学习。

长辛店炮兵教导大队是我军第一所导弹专业培训机构，后来被称为共和国导弹专业人才培养的摇篮。

教导大队有苏联派来的教官，大部分教材都是由俄文翻译的。为此，吕诚华开始学习俄语，他学习非常刻苦。刚一结业，他立即奔赴西北大漠。为了更好地熟悉武器，贴近发射一线，他虽是师职干部，但主动要求高职低配，去担任20训练基地第一试验部综合试验处处长（团职）。

从1958年底至1970年，作为20训练基地第一试验部（处、部）领导，吕诚华参加并组织了历次导弹和卫星的试验和发射工程，是我国第一发地地导弹、第一枚国产地地导弹和第一颗人造地球卫星发射现场指挥员。他参加了导弹、原子弹结合试验，兼任安全控制阵地指挥员，冒着可能发生核事故的巨大危险，用生命保障试验的安全。

1970年5月，吕诚华奉命负责20训练基地第五试验部（25试验训练基地前身）的工作。1975年他调入国防科委科技部任副部长，参与了我军武器装备的计划、管理、科研生产等一系列领导工作，为我军武器装备的发展作出了重要贡献。1985年他光荣离休。

戎马生涯48年，吕诚华在党的教育和培养下，从一名八路军小战士成长为我国第一代导弹、卫星发射指挥员。他曾说过，一生中最让他感到自豪的，就是参加了我国第一个导弹试验基地的创建、担任了我国第一发地地导弹和第一颗人造地球卫星发射现场指挥员；完成了党和国家交给的导弹和卫星的试验任务，不辱使命。

2012年吕诚华走完了自己光荣的一生。根据生前的愿望，吕诚华的骨灰安放在酒泉卫星发射中心东风革命烈士陵园。在这块他无限眷恋的土地上，有他曾经参加开创的事业，这里留下了他艰苦奋斗与奋勇拼搏的汗水与心血。

吕诚华自延安自然科学院毕业后，调入中央机要科工作，出于多年的职业习惯，他一生对从事的工作守口如瓶，即便在家人面前也一样。如果你问到他的工作生活情况，他往往只是轻描淡写、只言片语应付几句。

为了了解父辈的经历，记录下他们那一代人的精神风貌和奉献精神，让老一辈革命者的业绩、努力、精神、贡献永远传承，我们只能通过以往媒体对他的采访，他自己撰写的文章、笔记和采访他生前战友，记录他的足迹，追忆他的风采，展示那个时代、那个群体为共和国做出的业绩。

毫无疑问，在这里记录的只是吕诚华一生中的一些片段和缩影，我们试图将这些散落的珍珠一颗颗穿起来，成为一条璀璨夺目的项链，展现吕诚华奋斗的一生。

目 录

第一章 "去做一笔大买卖"……001

第二章 艰难启程……017

第三章 只争朝夕……025

第四章 挑战未知……039

第五章 不辱使命……051

第六章 勇于担当……065

第七章 临危不惧……091

第八章 往昔拾零……119

第九章 革命伴侣……187

后　记……223

吕诚华生平大事记……225

参考文献……227

第一章

"去做一笔大买卖"

图 1-01：朝鲜平安北道价川郡志愿军 20 兵团机关所在地。
时任中国人民志愿军第 20 兵团政治部保卫部部长阎五福之女阎冬提供。

1950 年 6 月，国际风云突变，朝鲜战争爆发，就在中国酝酿出兵抗美援朝时，美国通过各种渠道发出核威胁。对此，毛泽东主席有清醒的认识，指出："美帝国主义也可能在今天要乱来，不是普通的打而是打原子弹，我们要有充分准备。"

为了应对美帝国主义的核威胁和核讹诈，特别是从我国的长治久安考虑，在新中国成立不久，面临百废待兴的极为困难局面，1956 年 4 月，周恩来总理亲自主持中央军委会议，专门听取刚回国不久的火箭专家钱学森提出的关于在中国发展导弹技术的规划建议。

1956 年 5 月 26 日，周总理代表中共中央在中央军委会议上宣布了我国发展导弹武器的决定，并相继成立了导弹研究和管理机构。

1956年8月,中央制定的国家《十二年科学技术发展远景规划纲要》,把国防现代化建设摆在十分突出的地位,决定重点发展以导弹、原子弹为代表的尖端武器。

1957年下半年,党中央决定筹建导弹试验靶场。为了缩短中国导弹技术起步阶段的摸索过程,中国政府就如何建立和发展中国导弹技术,与苏联政府进行了多轮谈判。

1957年10月15日,中国政府和苏联政府签订了《中华人民共和国政府和苏维埃社会主义共和国联盟政府关于生产新式武器和军事技术装备以及在中国建立综合性原子工业的协定》。

1957年12月的一天凌晨,朝鲜平安北道价川郡的中国人民志愿军20兵团司令部驶出两辆汽车,风驰电掣驶向新安州火车站。到达火车站后,从车上走下五名军人,匆匆登上已在那里等候的军用列车。他们刚刚坐稳,列车就开动了,快速向中国方向驶去。

这一行五人是志愿军 20 兵团副司令员孙继先、防化兵部主任吕诚华、方向参谋戴泽民、保卫干事马年波和志愿军政治部总务科科长郭一萍。

吕诚华 1956 年 9 月从志愿军司令部机要处调到 20 兵团防化兵部工作。他虽然才 33 岁，但已是入伍 20 年的老兵了。

山西省兴县地处黄河中游，吕梁山脉北部西侧晋西北黄土高原，蔚汾河自东向西横穿中部注入黄河。吕诚华 1924 年 6 月 21 日出生在兴县县城。祖父吕安庆在兴县开有一间商行，商号"复盛源"，商行在山西收购牛、羊、猪等农牧产品转卖到北京、天津、上海等地。

那时，兴县当地的风俗是好男不当兵，所以吕诚华出生后，祖父给他起名吕介兵。谁知他却早早地投身军旅，14 岁就成了八路军战士。

吕诚华在兴县城关镇小学读书时，班上的语文教员吴清华是共产党的地下工作者，她在学校积极宣传进步思想。她见吕介兵聪明机灵，特别注意培养他，教育他要为中华民族做好事，并将他的名字改为吕诚华，希望他做一名诚实的华夏子孙。

1937 年 7 月 7 日卢沟桥事变后，日本军队开始侵占我国的华北地区，全中国掀起了抗日高潮。同年 10 月，吕诚华加入山西省兴县牺牲救国同盟会，任少年儿童团团长。

山西牺牲救国同盟会是 1936 年 9 月 18 日由山西省爱国人士成立的抗日组织。

1938 年 2 月，吴清华老师决定带吕诚华、王光荣和张三明三位优秀的学生参加八路军。当时兵荒马乱，母亲白改娥听说儿子要参加八路军，觉得他还是个小孩子，当兵太危险，不想让他去。但他坚持一定要去参加八路军，母亲见他去意已决，也只好由着他。

1936 年前，他的祖父吕安庆和父亲吕凤岐先后去世。家族的长辈反对他去当兵，认为家族传到他这一辈，他是唯一的男丁，他必须继承祖业和传承家族的命脉。在他要走的那天，家族中的一些男长辈拿着棍子到家里来找他，并扬言："就是打断他的腿也不能让他去当兵。"

事先得到了消息的吕诚华，跑到姑姑吕银凤家，躲到她家后院的地窖里。那些人在母亲家里找不到他，又到姑姑家里来找。姑姑谎称他没来过，那些人不信，还仔细地在屋内和院子里搜寻了一番，结果没有搜到，扫兴地又到别的地方去找。

等到夜深人静的时候，吕诚华爬出地窖，姑姑给了他一袋干粮和几块银圆。他从姑姑家的马厩里牵出一匹马，骑上马义无反顾地跟随老师参加了八路军。

1940年冬天，日军两万余人扫荡兴县，实行杀光、抢光和烧光的"三光"政策，历时35天，全城被毁，无一户幸免。吕诚华家里的财物被抢掠一空，木质的三间南房和两间北房都被烧没了，只剩下一口石窑洞。为了躲避日军，他的母亲带着两个女儿外出逃难，其间卖掉了随身携带的财物，回到家时，已一无所有。后来母亲靠给人家缝补衣服和带着两个女儿到煤矿背煤为生。吕诚华走后毫无音信，母亲每日流泪，眼睛快哭瞎了。直到1947年母子才得以相见……

列车轰轰隆隆地驶过中朝边界的鸭绿江大桥，到达了安东（丹东）火车站。五人下了军用列车，来到车站候车室里等候开往北京的旅客列车。

图1-02：1954年吕诚华在朝鲜桧仓郡志愿军司令部山顶。

1950年朝鲜战争爆发，吕诚华积极要求入朝作战。1952年底，中央机要处派他带领第二批机要人员，入朝轮换第一批入朝的机要人员，他当时是二科（译电科）科长。

1953年元旦刚过，他带领中央机要处的20多人，从北京乘火车经沈阳直达鸭绿江边的安东市。列车过了沈阳，夜幕降临，车窗全部拉上黑色布帘，防止车内灯光外泄引来美国军机的轰炸。当晚，列车到达安东，全队人员下了火车，立即跑步到安东机要部门驻地，在那里吃了晚饭。饭后，由朝鲜战场回来的同志给大家讲解躲避炸弹的经验。连夜，全队人员反穿军大衣（大衣里子是白布做的，接近雪的颜色）分坐三四辆卡车，车上还载有送往志愿军司令部的通信设备。

车队驶过鸭绿江大桥到达朝鲜境内新义州时天已经亮了，车队继续向志愿军司令部方向驶去，公路上覆盖着积雪，汽车轮胎套着防滑铁链在崎岖不平的道路上奔波，穿过山谷，越过大桥。一路上不断遭遇美军飞机的轰炸，沿途随处可见被炸毁的各类车辆，好在向导和司机经验丰富，顺利地躲过飞机的轰炸。当晚，全队人员安全抵达朝鲜桧仓郡志愿军司令部所在地。

1950年中国人民志愿军进入朝鲜抗美援朝，志愿军司令部从朝鲜的大榆洞、新成川、君子里、下甘玲、空寺洞到桧仓郡6次变更指挥位置，每一次都是尽量靠近前线。

桧仓郡距离平壤100公里，离前线和东、西海岸都不远，是山区，又有矿洞，便于隐蔽。为了通信的需要，机要处设在整个司令部的最高点。高山上有一个废弃的矿洞，几百米深的矿洞只有两个出口，白天洞外阳光普照，洞里还是漆黑一片，洞外下大雨，洞里下小雨，洞外不下雨，洞里还下雨。

所有工作人员都在洞里工作和睡觉，只是吃饭和上厕所才到洞外。洞里不但阴暗、潮湿而且洞内深处还缺氧，有时停电了，在那里工作的人要将七八根蜡烛捆在一起才能有点亮，值一个班下来，人脸上只能看见两只眼珠和一口白牙，像个"黑鬼"。

图1-03：中国人民志愿军第三次机要工作会议全体代表合影，1955年9月1日摄于朝鲜，第三排左二为吕诚华。

  由于长时间在洞里工作和生活，很多人患了小便失禁症（尿裤子）。山上缺水，每天喝的水都是战士用水桶从山下挑上来的。所以，除保证大家饮水外，每人每天只发一搪瓷缸的水用以洗漱，洗澡只能不定期轮流到山下司令部浴室洗。

  志愿军司令部机要处设有一个办公室和三个机要科，不到一百人，办公室有10人左右。吕诚华任主任，办公室的主要工作是联络志愿军各军机要科并指导他们的业务，不定期更换密码本，保证无线电通信的秘密，审阅每一份电文并整理成正式的报文，再将报文打字后送出。

图1-04：由左至右，前排：车秀英、李润清，后排：单景琛、吕诚华、张家冀、傅立傑、宋道有、李宗元、王化欣、雨林，1954年4月摄于朝鲜桧仓郡志愿军司令部机要处办公室前。

第一章 "去做一笔大买卖" 009

1953年7月27日朝鲜停战协议签订后，战争状态缓解。大家开始在洞外的山坡上搭帐篷，盖简易房，逐步从洞里搬到洞外。在洞口前还修了篮球场。司令部各部门都组建了自己的篮球队，部门之间举行比赛。有时还组织文艺活动，丰富了战地的生活。志愿军司令部机要处成立了"铁流"篮球队，吕诚华任领队。

图1-05：志愿军司令部机要处"铁流"篮球队合影，后排右四为吕诚华。

图 1-06：志愿军司令部机要处"铁流"篮球队合影，后排右六为吕诚华。

图1-07、1-08：吕诚华谱曲《我们的生活乐洋洋》，表现志愿军机要处干部、战士的日常生活。

图 1-09：1956 年 8 月 20 日中国人民志愿军机要干部训练队三排全体于安东留影，第二排中间为吕诚华。

为了提高机要干部的业务水平，1955 年 6 月成立了志愿军机要干部训练队，吕诚华任队长。训练队的任务是，让志愿军机要干部在战备状态下进行以文化为主的训练，提高业务、军事和政治水平，以适应部队现代化、正规化对机要工作的需要。训练队要在 46 周的时间内，将具有高小毕业水平以上的学员，提高到初中毕业的水平。课程有语文、数学、物理、化学、地理和中国历史。教员一部分是从南京机要学校调来的，这些人有几年的教学经验，是教学的骨干。另一部分由从机要部门调来的学历高的人担任。由于很多教员以前并未从事过教学工作，没有教学经验，所以，他们不但要研究教学内容，还要研究怎样教学。

干部训练队学员都是从志愿军各部队选送来的,约有两百人,被分为五个排。这些学员文化水平不一,有小学程度的也有初中程度的。因此,根据学员的实际情况把他们分为两个班,学习的内容也有所不同。训练队初创时在朝鲜,住地分散(范围达7000多平方米),房子漏雨,教室小,经常断电,伙食

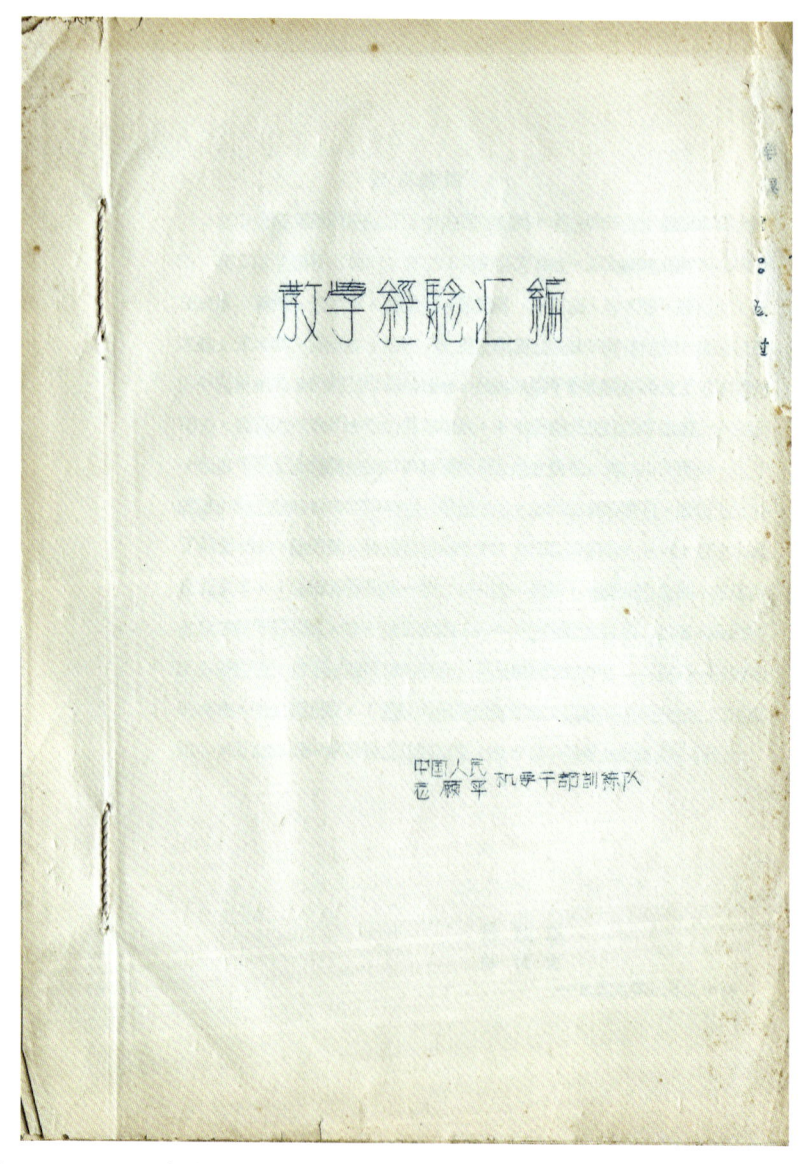

图1-10、1-11:志愿军机要干部训练队编写的《教学经验汇编》,20cm×27cm×1cm。

也不好。当年 10 月,训练队迁到了中国境内的安东,条件得到了改善。

1956 年 8 月,吕诚华结束了志愿军机要干部训练队的工作,9 月调到志愿军 20 兵团防化兵部工作。对于吕诚华来说,这是一份全新的工作,他废寝忘食地投入其中。

开往北京的列车徐徐进站，吕诚华等五人走出了候车室，登上开往北京的旅客列车。吕诚华觉得这次司令员出差与以往不同，于是，他就问孙继先："司令员，以前您出差都是带办公室主任，这次为什么带我呢？"

孙继先回答说："因为这次任务特殊，政治审查非常严格（参加人员要'三清'，1.本人历史清楚，没有政治历史问题；2.家庭出身清楚；3.没有复杂的社会关系），因何伏同志（20兵团办公室主任）曾被俘过，虽然问题已搞清了，但通不过这次政治审查。另外，这次任务保密性很强。考虑你以前是做机要工作的，嘴严。你是延安自然科学院毕业，有文化。又曾在毛主席和周总理身边工作过，可靠。所以挑你随我执行这次任务。"

孙司令员的回答，勾起了吕诚华的好奇心，他又问："这次是什么任务？"

孙继先幽默地说："去做一笔大买卖。"

到了北京，孙继先立即去中央军委受领了任务，原来所谓"大买卖"就是尽快筹建我国导弹综合试验靶场的特殊任务。

第二章

艰难启程

20世纪30年代，常规枪炮的研制已经完全离不开试验靶场了，近代导弹的研制就更加离不开试验靶场。

为了建设我国自己的导弹试验靶场，1957年9月，总参谋部批准成立了"靶场筹备处"，筹备处设在北京复兴路25号军委炮兵司令部大院内。为了保密，军内称"炮兵营房工程建筑部"，导弹基地最初的筹建和准备工作就是在这里进行。张贻祥（总军械部第一军械科学试验靶场场长）、吕琳（军委炮兵火箭炮师政委）是"靶场筹备处"的早期成员。同年12月，孙继先和吕诚华加入筹备处工作。

1957年底，第一批苏联专家组——勘察选场专家组一行17人到达北京，组长是列·米·盖杜柯夫少将。苏联专家建议我国应建设综合性导弹试验靶场，靶场可试验地对地、空对空、地对空、岸对舰、舰对岸的各种类型导弹。

中央军委指定炮兵司令员陈锡联为这次导弹试验靶场勘察选场工作的总负责，由各军兵种抽调的人员和苏联专家共同组成勘察选场工作组。工作组共有50多人，吕诚华是其中的成员。

1958年1月初，工作组开始导弹试验靶场的勘察选址工作。空军派8架飞机配合此次勘察选场工作。

工作组首先对中国的东北、华北、西北7个预选区进行了一番空中勘察。而后重点对内蒙古二连，经宁夏银川，到甘肃民勤和鼎新，再到内蒙古额济纳旗进行空中勘察，在空中勘察的基础上，对银川、民勤和额济纳旗进行了地面定点勘察。

地面定点勘察，工作组要对勘察地区进行地貌、地质、水文、气象、交通、社会条件等的调查。勘察区域大，一个点要跨几个县，多数区域处在荒凉的戈壁和沙漠，汽车不能行驶时，工作组就骑骆驼或徒步跋涉。

1月的西北戈壁滩，气温常在零下20多摄氏度，经常大风肆虐，沙石滚滚。工作组宿营的房子都很简陋，四处漏风，晚上睡觉时沙子落在脸上令人很难入睡，常常要蒙着被子睡，即便如此，一觉醒来，眼窝和耳朵里也都是沙子。

工作组成员取暖只能就地取柴，烧戈壁滩上生长的梭梭草。这种柴如果烧得不得法，会产生大量的一氧化碳，能毒死人。

有一天，工作组来到额济纳旗一处叫绿园的地方，那里只有简陋的土坯房。夜里，天气很冷，张贻祥特别怕冷，他就在房间里烧梭梭草取暖，烧得多又不得法，结果半夜发生了一氧化碳中毒。幸好张贻祥感到不适时还有意识，知道自己中毒了，便努力向房间外爬。孙继先和吕诚华住在张贻祥旁边的房间里。吕诚华多年做机要工作，经常要值夜班，睡得晚，比较警觉。突然听到外面有动静，他赶紧披上大衣冲出房间，查看情况。见到张贻祥趴在房门外，吕诚华大声喊人，大家赶紧将张贻祥抬进房间里抢救。

陈锡联指示空军用一架直升机，将张贻祥送往兰州军区总院医治。当时天气很冷，好在他知道自己中毒，拼命爬了出来，又被及时发现。不然他就可能成为为我国导弹、原子弹、卫星，即"两弹一星"事业牺牲的第一人了。

图 2-01：导弹综合靶场勘察选场工作组地面定点勘察时的照片，最高处站立者是吕诚华。

图 2-02：内蒙古额济纳旗戈壁滩上的青山头，2016 年拍摄。

    在勘察导弹落区期间，勘察选场工作组曾经历过一次惊险的飞行。那天，吕诚华与工作组的部分人员，乘坐苏制伊尔-14 型飞机沿天山山脉南麓边缘飞行，飞机上有陈锡联等 8 位将军。苏联专家组组长列·米·盖杜柯夫少将违规指使飞机驾驶员不按预定航线飞行，让飞机钻入了一个峡谷。

    因受飞行高度所限，飞机只能在峡谷中飞行。高山就在机翼两侧，峡谷越飞越深，看不见尽头，如果前方没有出口，飞机就会撞在山上，机毁人亡，大家不免都有些紧张起来。孙继先冷静地说："有山就有谷，有谷就有口，见到山口向右转，可以飞出去。"驾驶员按照这个方法终于飞出了峡谷，飞机安全降落在新疆阿克苏机场。

1958年2月初，导弹综合试验靶场的勘察选址野外工作结束，工作组回到北京。参加导弹靶场勘察选址工作的人员住在总参谋部第四招待所，编写导弹综合试验靶场的勘察选址报告。

当时导弹靶场选址有三个方案：宁夏的银川方案、甘肃的民勤方案和内蒙古的额济纳旗方案。孙继先认为，银川以西虽然是沙漠，但靠近黄河，有社会依托。银川不但有青铜峡水电站，还通铁路，不用建电站和铁路。另外，导弹射向为新疆方向，导弹飞行试验，首末区距离更远。苏联专家则认为，从技术角度考虑，内蒙古额济纳旗青山头一带，更适合做导弹发射试验基地。

青山头一带，平均海拔1000米，地势开阔平坦、地质坚硬，适合建设大型建筑物和布设观测站。从祁连山发源的黑河流经此地，地下水源丰富，气候干燥少雨，一年中有300多天可用于导弹试验。最后确定导弹综合试验靶场定点在内蒙古额济纳旗。

第二章　艰难启程　021

▲图 2-04：反舰导弹海上勘察小组途经上海时的合影。
右至左：海军副司令员罗舜初、20 训练基地司令员孙继先、总参谋部作战部部长王尚荣、俄文翻译夏铭智、苏联专家组组长列·米·盖杜柯夫、吕诚华、王尚荣的秘书（姓名不详）、罗舜初的秘书（姓名不详）。

◀图 2-03：反舰导弹海上勘察小组途经上海时的合影。
左至右：夏铭智、王尚荣、吕诚华、列·米·盖杜柯夫、孙继先、罗舜初、罗舜初的秘书、王尚荣的秘书。

1958 年 3 月，反舰导弹海上勘察小组沿着中国海岸线勘选反舰导弹试验基地。

为了严格保密，入住总参谋部第四招待所参加导弹试验靶场勘察选址的工作人员都不可走出招待所，所有对外联系都由吕诚华一人负责。

2 月中的一天，孙继先司令员把吕诚华叫到办公室，说："我们有政委了，你去火车站接一下。"于是吕诚华要了一辆车，到火车站将 20 训练基地的第一任政委栗在山接到招待所。

2 月底，吕诚华将导弹综合试验靶场勘察选址报告，送交总参谋部聂荣臻代总长办公室，由聂荣臻的秘书安东签收。

第二章　艰难启程　023

1958年3月,党中央正式批准在内蒙古额济纳旗地区建设中国第一个导弹综合试验靶场,这就是我国第一个卫星发射中心——酒泉卫星发射中心的前身。

3月27日,中央军委发布命令,将原靶场筹备处改称"中国人民解放军第20兵团",对外称"0029部队"。

当年10月,国防部正式批准靶场机构对内称"中国人民解放军第20训练基地"。

1958年4月下旬,苏联勘察选场专家组完成任务回国。回国前,专家组成员及其家属游览了北京景山公园。

图2-05:1958年4月下旬,导弹综合试验靶场勘察选场工作组部分成员和家属游览北京景山公园时的合影。
第一排右至左:吕诚华、吕诚华之女吕平、吕诚华之子吕立宪、列·米·盖杜柯夫的夫人。

第三章

只争朝夕

导弹综合试验靶场地点确定之后，开始导弹靶场的工程勘察和施工。工程兵司令员陈士榘负责组织领导工程勘察和工程施工。由中苏两国专家共同组成工程勘察工作组，对导弹靶场进行了地质勘察、地形测量、铁路勘测，确定每个场区、工号的具体位置。勘察队员风餐露宿，历经一个多月，在几万平方公里的戈壁荒漠上完成了导弹靶场的工程勘察。

1958年4月，中央军委批准导弹试验靶场的建设方案。

导弹靶场工程勘察结束后，施工部队随即开始了导弹靶场的建设，铁道兵负责铁路建设，通信兵负责通信设施的建设，空军负责机场的建设，工程兵负责大部分地面设施的建设。

图 3-01：酒泉军用铁路，2016 年拍摄。
酒泉军用铁路（清绿铁路），由酒泉市肃州区清水镇至内蒙古阿拉善盟额济纳旗绿园镇，全长 304 公里。1958 年 5 月开工，1959 年 4 月铺轨通车。1960 年 1 月交 20 训练基地铁路管理部门运营，是全国唯一的一条军管铁路。

1958 年 9 月，第二批苏联专家组——工程设计专家组携带靶场工程建设的总体设计方案、初步资料和图纸来到中国，帮助中国工程技术人员完成导弹靶场工程的地面勘察定位和设计，并指导铁路、公路、发电及其设施的设计。这批专家完成任务后，于 1958 年 12 月回国。

苏联专家认为需要 15 年才能完成的导弹靶场工程，我国十几万人的施工部队冒着戈壁荒漠的严寒、酷暑和风沙，克服各种困难，仅用两年时间就建成了。1960 年，我国第一个导弹综合试验靶场基本上就能投入使用了。

在导弹靶场工程勘察和施工期间，20训练基地也进入了全面准备阶段。1958年3月，志愿军20兵团经过政治审查合格的干部从朝鲜回国，来到北京。从全国各军兵种选调的干部也陆续来到北京。20训练基地的机关设在北京市朝阳区东直门外左家庄12号大院内。各个部门、各个单位各负其责，开始进行准备工作。

因为初次接触导弹和各类型导弹的试验，大家都没有经验。最迫切的任务就是尽快组建一支技术骨干队伍。当时，吕诚华随孙继先司令员到各有关单位求援。有一次，他随孙继先到解放军总政治部，按苏联专家所提出的工程技术人员数目，20训练基地需要各种类各学科的工程师2073人。当孙继先向肖华副主任汇报时，肖副主任风趣地说："我把全军的工程师都给你们，也凑不够

图 3-02：北京长辛店炮兵教导大队旧址。

啊。"人才缺乏在当时是个共性的问题，但经过 20 训练基地各级干部的努力争取，还是从各军兵种抽调了一部分技术骨干，又从全国各个大专院校，主要是哈尔滨军事工程学院挑选了一大批毕业生，初步组成了一支技术骨干队伍，总算解了燃眉之急。

1957 年 12 月，为接收苏制导弹，并培养骨干，中共中央军委炮兵受命组建炮兵教导大队，由军委炮兵和国防部 5 院共同负责。这是我军第一所导弹专业的培训机构，校址位于北京长辛店。这所学校是我国导弹和航天事业的摇篮。

1958 年 8 月 4 日，20 训练基地派崔子高、吕诚华、石荣屺、施存壁等 30 余名干部到炮兵教导大队进行培训，主要学习导弹构造原理、操作技能、试验程序和组织指挥等基本试验技术知识。1959 年 2 月 28 日培训结束。

1958年10月，20训练基地除已有的司令部、政治部、后勤部和工程部外，又根据导弹试验需要专门成立了第一试验部（地地导弹试验部）、第二试验部（空空导弹试验部）、第三试验部（地空导弹试验部）、第四试验部（海上导弹陆上试验部）、第五试验部（飞行勤务保障部）、第六试验部（测量部）。

第一试验部机关除司、政、后三部门外，先后设立了综合试验、单元测试、

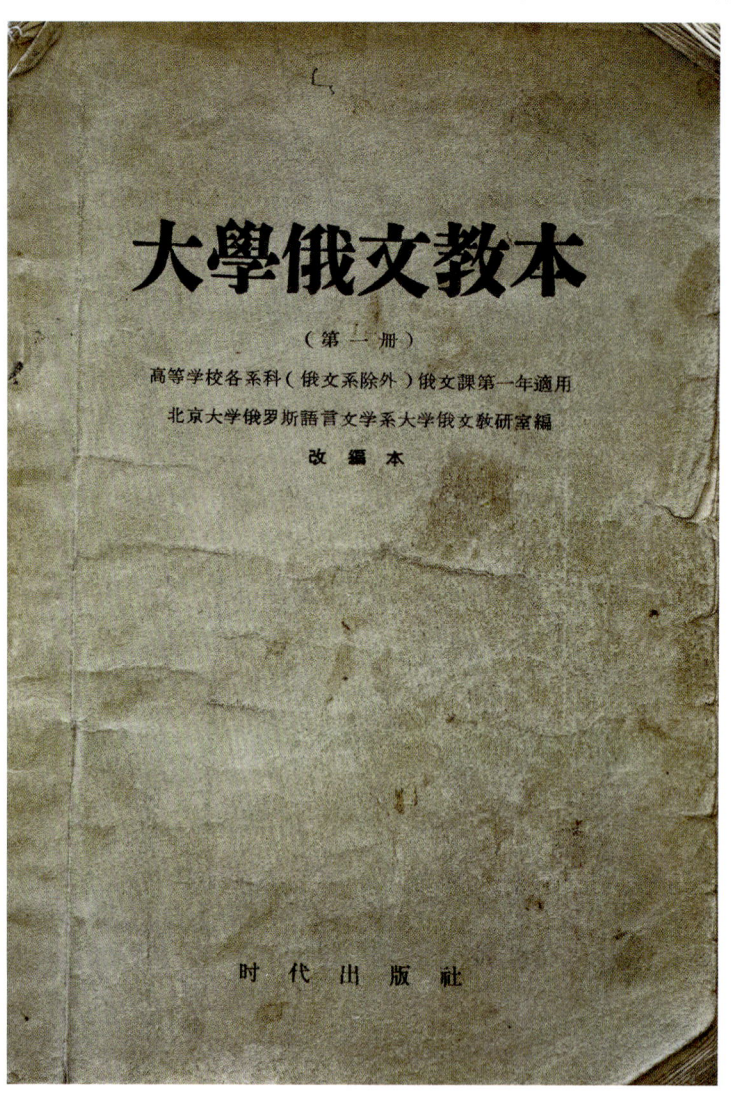

图3-03、3-04：1958年吕诚华使用的俄语教课书，16开大小。
中国酒泉卫星发射中心历史展览馆馆藏。

地面设备、弹道、火箭发动机、弹头引信、战斗使用、遥测试验和试验结果分析9个技术处。综合试验处是地对地导弹试验的抓总单位,负责导弹试验的总体方案,担负导弹的检测工作,指挥和协调各参试单位完成导弹试验。

1959年3月,第一试验部地地导弹试验大队在北京长辛店炮兵教导大队成立。

在朝鲜战场上，吕诚华目睹了中美两军武器装备水平的巨大差距，如今有机会接触到尖端武器技术，他学习和掌握尖端武器的欲望愈加强烈，决心学好技术，努力成为合格的地对地导弹发射指挥员。

为此，吕诚华主动向孙继先司令员表示，他不计较职务的高低（志愿军20兵团防化兵部主任是师职干部，综合试验处处长是团职干部），愿意到综合试验处工作，他的愿望得到了孙继先的理解和支持。1958年10月，组织批准他任20训练基地第一试验部综合试验处处长。

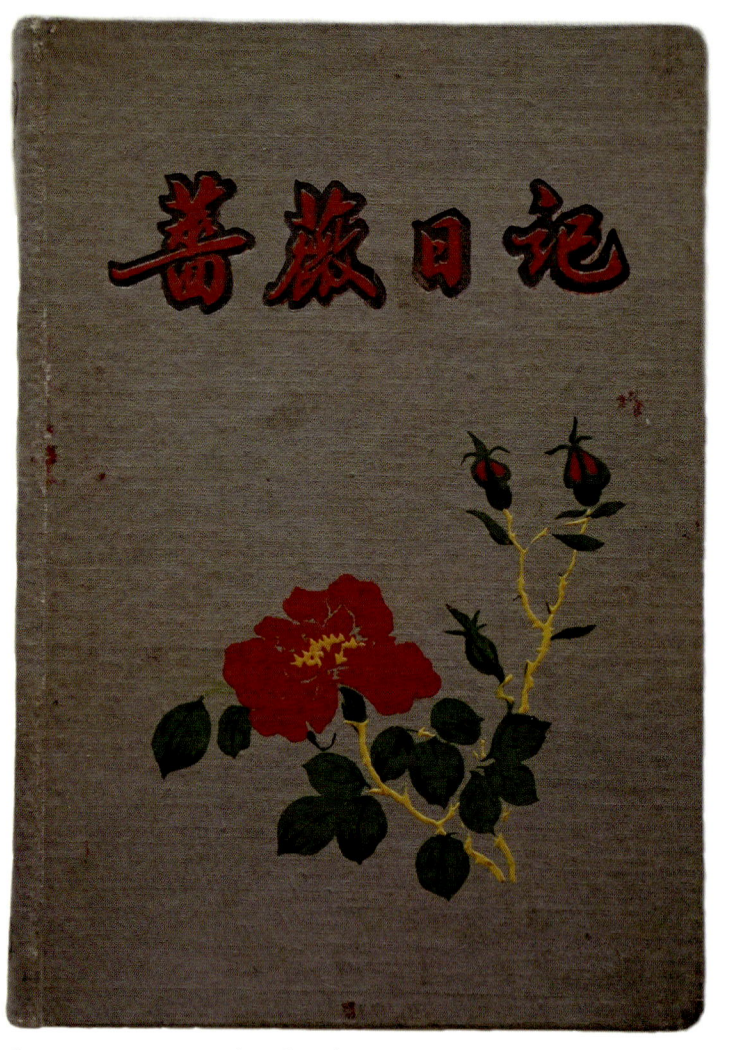

图3-05、3-06：1958年吕诚华学习俄文的笔记本，18cm×12cm×2cm。中国酒泉卫星发射中心历史展览馆馆藏。

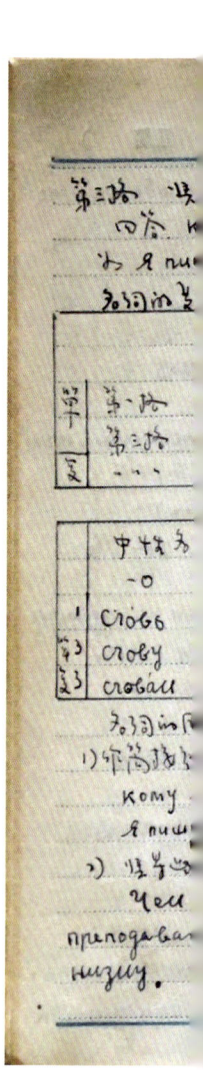

基地为了使业务干部尽快掌握导弹相关技术，通过三种形式对技术干部进行培训：1.请苏联专家讲课；2.同苏联专家一起安装调试苏联进口的设备；3.派技术干部去工厂和各个研制单位，向研制单位和工厂学习。全体参训人员都把全部精力投入培训中，抓紧一切时间读书学习。同志们认为毛主席、周总理代表党中央、中央军委将事关国家安危的重任交给他们，无比光荣，党和国家的嘱托重于泰山，一定要认真学习、刻苦钻研，把导弹技术掌握到手，不辱使命。

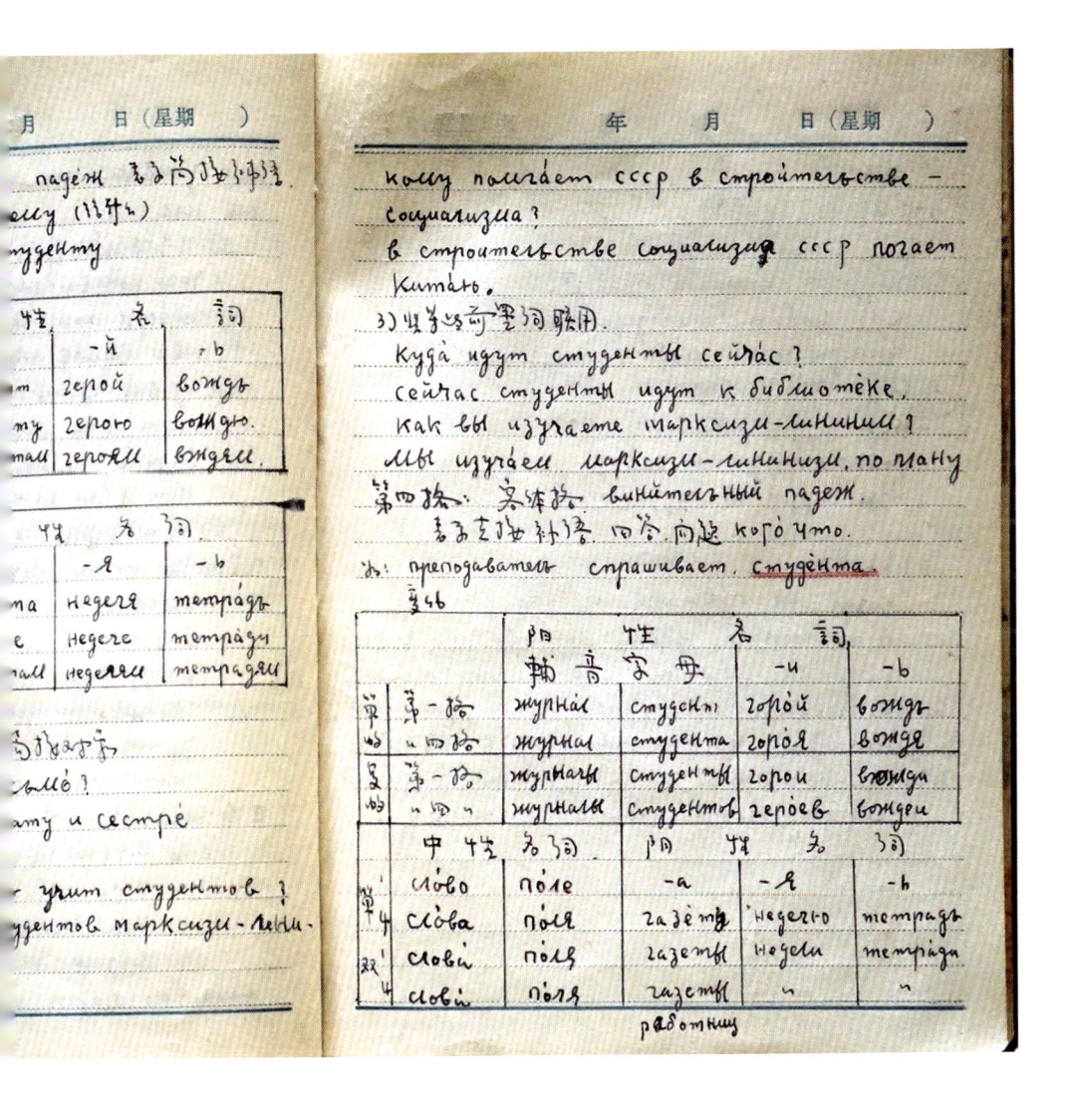

当时导弹是尖端武器，依靠传统的武器知识不能完成导弹的试验，并且导弹试验部队以知识分子为主体，与传统以士兵为主体的部队截然不同，武器知识和带兵方式都要重新学习和摸索。为了管理好这支知识型部队，吕诚华生活上关心这些知识分子，技术上尊重他们的意见，用组织纪律严格要求他们。为了对技术问题了如指掌，吕诚华经常与技术干部一起学习，如果有事不能参加学习，就请大学生技术助理王占华给他补课。无论走到哪里，吕诚华手里都会有一本书，因此同志们送他个外号"老夫子"。

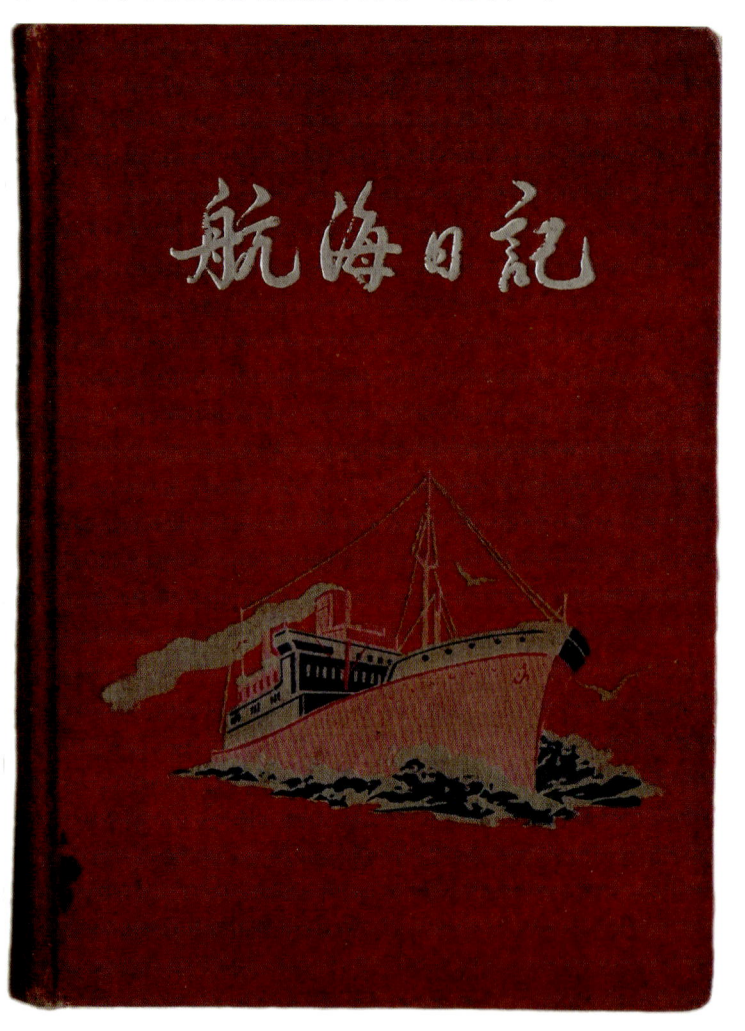

图 3-07、3-08：1959年吕诚华学习无线电技术的笔记本，18cm×12cm×2cm。中国酒泉卫星发射中心历史展览馆馆藏。

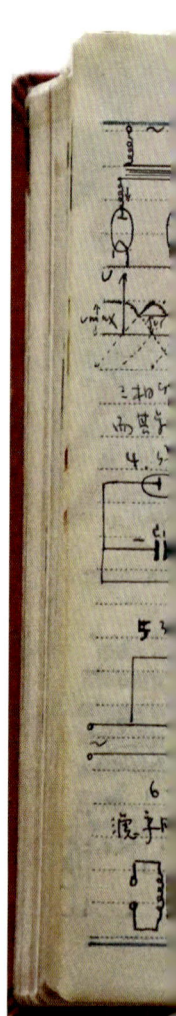

为了保障综合试验处的工作，处里配备有一架专用飞机，可以从基地飞往全国各地，方便与研制单位及时研究解决工作中的问题。即使是今天，团级单位配备专机在全军也是非常罕见的。

了解导弹原理，掌握导弹技术，是完成导弹试验任务的关键环节。

1960年，中国与苏联的关系急剧变冷，苏联政府撕毁了所有的援助协定。1960年8月，20训练基地第三批苏联专家组——负责靶场设备安装和导弹试验训练的专家组突然撤走。

苏联专家的突然撤离，给我们的导弹试验工作带来很大的困难。幸亏有两年多夜以继日的学习，不断的刻苦钻研，基地指战员已基本掌握了导弹试验技术，苏联专家的撤离，没有对基地建设和试验准备工作带来太大的影响，以后的导弹试验也可以按计划进行。

1959年秋天，第一试验部的指战员陆续抵达戈壁滩，基地仍在紧张施工，营房还没有建好，部队暂时住在新西庙。这里曾是一座喇嘛庙，年久失修，已破烂不堪，残垣断壁，四面漏风。

1960年初，一部发射试验大队转移到1号发射场，进行导弹试验前的各项准备工作。当时住房十分紧张，很多指战员只能住在帐篷里。

1号发射场处在空旷的戈壁滩上，气温在零下20多摄氏度，寒风刺骨。尽

管每个帐篷配有一个小火炉，也只是聊胜于无，同志们睡觉时还得戴上大皮帽，穿上大头鞋。有时半夜狂风骤起，飞沙走石，帐篷被掀翻也是常有的事，大家只能爬起来在狂风中把帐篷重新支好拴牢。

生活条件十分艰苦，战士们形象地说："天无云，地无草，大风刮得石头跑。"帐篷被刮跑，吃饭掺沙子是常有的事，特别是戈壁滩的水又苦又涩，极难下咽。

1960年，中苏交恶，又正值三年困难时期，生活更艰苦了。由于粮食不够吃，只好采集些沙枣叶、甘草叶、芦苇根，甚至骆驼刺，将它们晒干磨成粉，掺进面粉、青稞、玉米面里吃。副食供应就更紧张，很少有新鲜蔬菜，平时只能吃干菜。由于长期营养不良，干部、战士体质普遍下降，有的甚至得了浮肿

图3-09．1号发射场，2016年拍摄。

病、夜盲症。尽管如此，整个试验基地没有人叫苦，没有一个逃兵，全体指战员用坚强的意志、高尚的品质、无私的奉献精神，默默地坚守在自己的岗位，战斗在茫茫戈壁。

戈壁滩上的生活艰苦、枯燥，很多来自大城市的大学生不习惯这里的生活。为了丰富业余生活，吕诚华组织大家自编自演节目，他自己也表演节目，拉小提琴给大家听，他演奏的一些外国曲子，很多大学生都没听过。

为了给技术干部改善伙食，吕诚华经常让食堂给他们开小灶，尽量筹集点像样的食品，做些好吃的饭菜给他们。

第四章

挑战未知

图 4-01：地地导弹发射场。

    1960年5月，20训练基地接受了发射苏联制造的P-2型地地导弹的任务。任务的目的是检验导弹试验发射设施，熟悉地地导弹性能，任务代号101。

    这是在中国本土上第一次进行地地导弹发射任务。任务以第一试验部为主承担，第一试验部负责组织实施导弹的发射试验和结果分析，测量部（六部）负责外弹道测量和落点预报，飞行勤务保障部（五部）负责通信、运输和导弹残骸回收，工程部负责器材保障和推进剂储运。基地成立了101任务指挥部，第一试验部副部长崔子高任指挥长、第一试验部综合试验处处长吕诚华任发射阵地主任、导弹试验大队大队长施存璧任副主任。

发射阵地主任是发射阵地指挥员，指挥导弹在发射阵地的各阶段工作，协调测量系统和通信系统完成导弹试验任务。

虽然只是发射一枚导弹，却牵扯方方面面很多人。当时都称：千人一杆枪。发射阵地上设有控制系统、发动机、射击瞄准、横偏校正、燃料加注、弹头引信、弹道计算和安装转运等8个指挥小组，与导弹试验大队一中队下辖的1分队发射分队、2分队发动机分队、3分队电器点火分队、4分队横偏校正分队、5分队安装转运分队和6分队加注消防分队，共同承担导弹在发射阵地的起竖、垂直检测、射击瞄准、引信安装、横偏校正、推进剂加注等工作。

第四章 挑战未知 041

图 4-02：导弹测试厂房。

综合试验处副处长石荣屺任技术阵地主任，下设水平测试组、单元测试组和安装转运组 3 个组，与导弹试验大队下属的水平测试中队共同担负导弹在技术阵地的检测。在这里安装弹头，完成发射弹、点火弹和备份弹测试，各项测试指标完全符合发射要求后，将导弹转运至发射阵地。

这是我国第一次发射地地导弹，没有先例、没有经验、没人指导，技术上、实践上很多都是未知数，大家压力都非常大。没有亲临其境很难想象，如此精密的武器装备的试验，大部分技术人员竟然是专业不对口的"技术人员"，如过去学坦克、汽车的，现在去搞电器、自动控制。都说隔行如隔山，"地地导弹试验"这个山可不是个小山呢，困难可想而知。

但就是在这座"大山"面前，不可思议的事情还是发生了，凭着崇高的理想、凭着顽强的精神、凭着刻苦的学习和专研，这些"门外汉"很快成了自己专业内的小专家。

全系统综合电路，包括导弹上和地面上设备两部分，是非常复杂的电路图，为了更直观，也更便于把握，技术人员把导弹上和地面上设备的分电路图联成一张图，极大地方便了记忆。有的技术员能把十分复杂的全部电路背下来，哪个接点到哪个接点，哪个电路通到哪里，各个器件的功能都熟记于心。

20训练基地一部发射试验大队的干部、战士怀着为党争光、为国争气的坚定信念，排除困难，坚持训练，天天练、反复练，阵地上练、帐篷里练，白天练、晚上也练。操作员熟背操作规程，反复练习口令和动作，做到准确无误。

吕诚华在综合试验处工作期间，与普通技术人员一样，从基础学起，不断丰富和完善自己的业务水准，凭着勤学苦练，他不仅掌握了导弹结构、性能、发射程序、发射场地面设备的功能，还掌握了测量系统和测量设备的性能，十分熟悉苏制KT-50电影经纬仪和KΦT电影经纬仪的性能。

图4-03：苏制KΦT电影经纬仪。

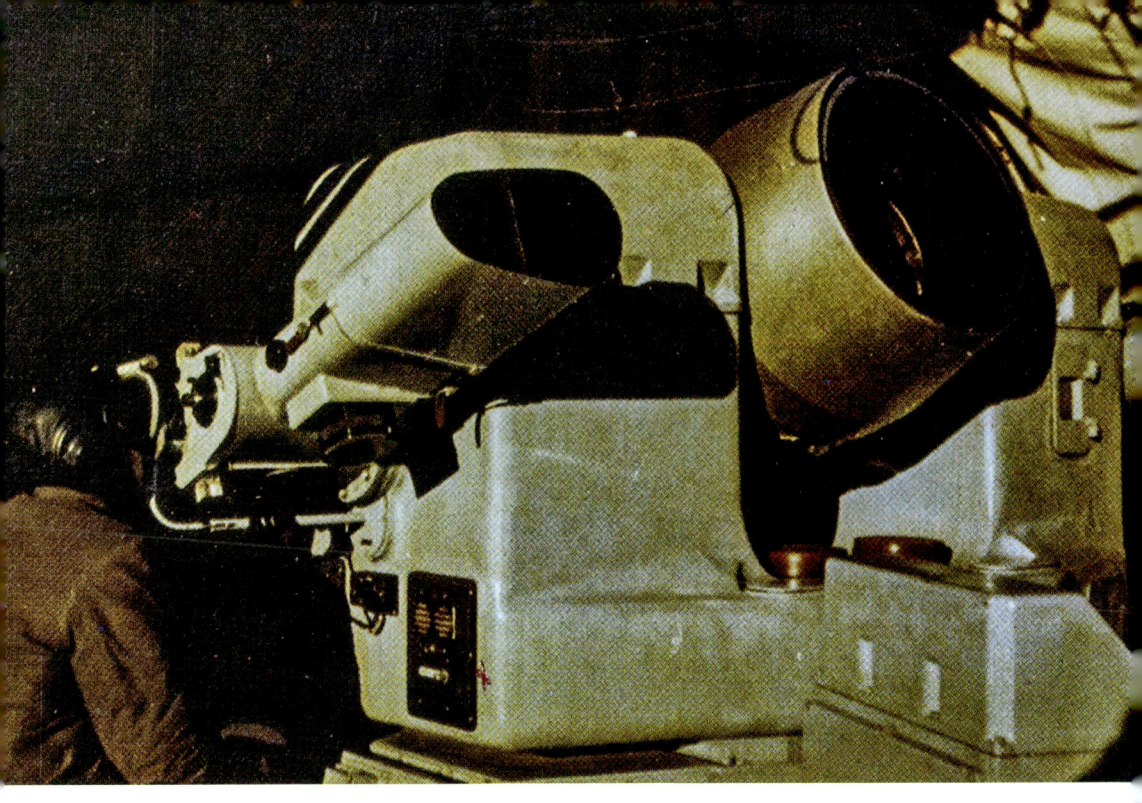

图 4-04：苏制 KT-50 电影经纬仪。

    此外，他还认真学习通信方面的业务，他经常与时间统一勤务中心的俞宗泽、李忠两位负责人交流和请教有关业务。有一次，与苏联专家讨论导弹发射程序时，他问苏联专家："录音发射口令有什么用？"苏联专家严肃地说："录下来，万一是你出的错，就要判你的刑。"

    吕诚华认识到做一个合格的导弹发射指挥员，自己下达的每一个口令都不能有一丝一毫的错误。为了能很好地掌握尖端武器，他全身心地投入工作。

    他认为自己能参加中国第一发地地导弹发射的协调和指挥任务，是组织上对自己的信任，对自己工作的肯定。

    正当基地指战员热火朝天地准备发射我国第一发地地导弹的时候，1960 年 8 月，20 训练基地的苏联专家全部撤走了。他们在的时候，也经常卡我们，说我国生产的产品这个不合格，那个不合格。特别是导弹推进剂用的液氧，苏联专家说我国生产的液氧不合格，乙炔超标。实际上那是一个借口，目的是要我们从苏联进口液氧。

液氧是一种易挥发的液体，用火车从内蒙古的满洲里口岸运到位于额济纳旗的 20 训练基地，途中会挥发很多的液氧。他们的刁难，不仅没有困住我们，反而更加激发了基地全体指战员的斗志，一股自力更生的激情油然而生。

1960 年 9 月，中央军委批准了使用国产推进剂发射苏制 P-2 导弹的计划。万事开头难，地地导弹发射对于共和国是第一次，对于吕诚华来说更是第一次，光荣不言而喻，压力更是不言而喻，吕诚华的心情难以平静。

导弹在技术阵地（导弹测试厂房）经过四天的水平测试，确认各项技术指标和参数均符合发射要求。1960 年 9 月 9 日，导弹从技术阵地转移到发射阵地（地地导弹发射场），看到导弹被缓缓地竖立在发射台上，作为发射现场指挥员的吕诚华激动万分，共和国第一发地地导弹，就要在他的指挥下升空了。

因为日出前 10 分钟，是光学设备拍摄导弹升空的最佳时间，所以技术人员连夜对导弹进行垂直测试，对发射阵地上的设备也进行了仔细检查。

9 月 10 日凌晨，导弹测试检查完毕。吕诚华反复确认导弹各项参数和发射阵地的地面设备都符合发射要求后，他慎重地在飞行任务书上填写了导弹的射程、推进剂加注数量、修正系数等，并郑重地签上了自己的名字。此时此刻的签名，真是字字如山，笔笔千钧啊！

此时此刻已完成了导弹垂直起竖后的各项测试，进行了射击瞄准，进行了最后的诸元计算，确定了十余吨推进剂的加注数量。关键是该导弹采用的是单级液氧加酒精的液体燃料推进剂。苏联专家回国前曾认为我国生产的液氧杂质多，我国国防部五院专家经过仔细分析发现，苏联专家把液氧中杂质的气态容积当作液态容积来考虑，两者相差近千倍。再说，杂质是分散分布的，使用时不可能聚在一起发生爆炸。还有就是如果在燃料加注后导弹出现故障，推进剂的泄出是非常危险的，甚至极可能造成现场火灾，致使导弹报废。因此，在这千钧一发的时刻，指挥员的心理压力之大是可想而知的。

吕诚华反复分析判断各个环节的情况后，下定了决心。然后他向在场的最高领导，总参谋部张爱萍副总长、20 训练基地孙继先司令员报告推进剂加注前导弹技术准备情况，请求批准加注推进剂。两位领导认为导弹可以发射了，便先后在飞行任务书上签字，批准加注推进剂，导弹进入加注程序。按地地导弹

图 4-05：苏制 P-2 导弹起竖。

试验程序，从此刻开始，导弹发射由发射阵地主任全权负责，导弹的发射、测量和通信等都要服从发射阵地主任的指挥。

这是我们国家第一次进行地地导弹发射，没有经验可借鉴，谁都没有亲眼见过导弹发射，没人知道会发生什么。

也就是在1960年，苏联试射新型导弹，导弹在发射台上发生爆炸，3000摄氏度以上的火海吞噬了发射场，夺去了炮兵主帅米·伊·涅杰林和约100位最高级火箭专业技术专家和军人的生命。

液氧加注车和酒精加注车并排停在导弹前，导弹试验大队一中队的加注分

图4-06：苏制P-2导弹加注推进剂。

队，开始给导弹加注液氧和酒精。加注完毕后，加注分队的人员和车辆迅速离开发射台，撤到安全区域。吕诚华来到地地导弹发射场的地下发射指挥室，施存壁、导弹试验大队一中队队长忠勇、一中队发射分队分队长姜学福和操作员赖继丛都在他们各自的岗位上。

导弹发射进入倒计时，吕诚华开始下达倒计时口令。在他下达了15分钟准备口令后，导弹托架被拖离现场，发射阵地上的所有人员全部撤离到安全区域。吕诚华继续沉着准确地下达一连串口令，1分钟准备，发射时刻终于到了。一声"牵动"口令，发射场区和航区的各种测量、记录设备同时开启；随着"开拍"口令的下达，光学测量设备开始拍摄；接着下达"初级"口令，导弹释放少量液氧与地面点火装置喷出的酒精一触即燃，燃烧正常；立即下达"主级"口令，导弹释放大量的液氧和酒精混合燃烧；"点火"，吕诚华发出了最后的发射口令，赖继丛按下了点火按钮，导弹发动机瞬间启动。指挥口令和操作动作分秒不差，天衣无缝。

1960年9月10日7点42分，在中国大地上第一发近程地地导弹腾空而起。吕诚华从潜望镜看到导弹启动了，导弹尾部喷出耀眼的火光，发出隆隆巨响，缓缓地垂直上升，升速不断地加快，不久便开始程序转弯。导弹在天空中拖着耀眼的尾焰，在清晨的阳光里分外壮观。导弹越飞越高，越飞越远，逐渐从视野中消失，在蔚蓝的天空上留下一条洁白的色带。

都是第一次，第一次发射，第一次试验，第一次指挥……但成功了，指战员们都是第一次见到地地导弹发射，惊叹其如此壮观。几分钟后，导弹准确命中几百公里外的预定目标。地地导弹神秘的面纱被揭开了，我们成功了！大家都高兴得跳起来，相互拥抱，共同庆贺。

吕诚华走出地下发射指挥控制室，来到发射台附近，近距离查看，见到发射台地面的水泥，已经烧成了碎玻璃状。发射台下装有一个地秤，用于精确计算液氧和酒精的比例和记录导弹起飞的重量，它仍完好无损。

过了一会儿，基地领导和现场观摩的其他总部首长都围了过来，发射阵地撤离的人也都回来了，如释重负的指战员们欢声笑语，兴高采烈，气氛十分欢快。此时，吕诚华发现孙继先没有一丝笑容，表情非常严肃，一言不发。见司

图4-07：地地导弹发射场的地下指挥控制室。

令员这么严肃，就问："我们发射成功了，首长怎么不给我们表扬表扬？"孙司令说："你们打了胜仗，不能表扬，怕你们以后翘尾巴，艰巨的任务还在后头。"

苏联专家撤走后的第17天，在没有任何经验可借鉴的情况下，20训练基地完全依靠自己的力量，成功地发射了我国第一发地地导弹。这次导弹发射成功，验证了我们可以独立完成地地导弹的试验任务，并检验了导弹发射阵地的工程质量、设施和设备。

这次导弹发射是实装检验，既锻炼了部队，取得了地地导弹发射的初步经验，获得了导弹试验数据，也增强了导弹研制单位——国防部五院科技人员研制地地导弹的信心，为我国地地导弹发展创造了良好开端，圆满完成了我们国家一件开创性的工作。

第五章

不辱使命

图 5-01：1960 年 10 月 27 日，国产 1059 导弹从北京运抵 20 训练基地导弹测试厂房。

1960年9月10日，在我国成功发射苏制P-2导弹的当天，中央军委在北京召开扩大会议，提出"发愤图强、突破尖端、两弹为主、导弹第一，建立独

立完整的现代化国防工业体系"的方针。中央军委同时决定，1960年11月至12月，在20训练基地进行国产地地导弹的试验任务，任务代号102。

我国第一个型号的地地导弹，是由国防部五院仿苏制P-2导弹生产的导弹，型号：1059，后改称"东风1号"。

102任务一共发射三枚导弹，其中两枚是战斗弹，一枚是遥测弹。与发射苏制P-2导弹相比，1059导弹试验难度更大，难就难在不仅要发射成功，而且要对国产导弹的性能和质量做出结论。因此增加了更多的试验项目，所以技术协调和试验程序更复杂，检测技术要求更高。

20训练基地第一试验部的指战员，未因第一发苏制P-2导弹发射成功而稍有懈怠，便立即投入第一枚国产地地导弹发射试验的准备工作。

一部选派了50多名技术骨干到导弹制造工厂学习，以让他们尽快掌握国产导弹技术性能和测试方法。参试部队认真总结第一发导弹发射经验，积极进行训练和演练，尽快熟练掌握国产导弹的测试和发射技能。

图5-02：技术人员在导弹测试厂房检查和测试1059导弹。

1960年10月27日，1059导弹从北京运抵20训练基地导弹技术阵地（导弹测试厂房）。第一试验部的技术人员对导弹进行仔细检测，国防部五院副院长钱学森率领国防部五院的专家也来到现场，指导和解决测试中的技术问题。第一试验部的技术人员和国防部五院的技术人员，共同保障导弹各项技术指标达到最佳状态。

1960年10月30日，时任中央军委副主席、国务院副总理兼国防部长林彪，从北京来到20训练基地考察，实地了解我国导弹发展的现状。林彪观看了我国发射苏制P-2导弹的实况电影纪录片，参观了导弹测试厂房和地地导弹发射场。

林彪在地地导弹发射场观看了20训练基地第一试验部导弹试验大队一中队演示导弹起竖、垂直测试、加注准备的全过程，吕诚华给林彪做解说，并解答他的询问。

图5-03：1960年10月30日，林彪在地地导弹发射场。左一吕诚华、左三陈士榘、左四林彪、左五孙继先。

第五章　不辱使命

林彪还视察了地空和空空导弹试验场。

11月1日,1059导弹在技术阵地水平测试期间,发生了一起重大事故。当第二台发动机试车快要结束时,氧化剂泵突然发生爆炸,导致氧化剂泵盖上的螺栓全部被拉断,泵盖飞出30多米,重重地砸在发动机测试间的墙上。

当晚,以任新民(国防部五院一分院液体发动机设计部主任)为首的发动机专家组连夜召开紧急会议,经过反复讨论,认为尽管氧化剂泵发生了爆炸,但发动机涡轮泵完全可靠,飞行试验可以按原计划进行。

随后,钱学森和几位导弹专家也从北京赶到基地,经认真反复研判后,做出了可继续进行发射的结论。

1960年11月4日,1059导弹从技术阵地(导弹测试厂房)转运到发射阵地(地地导弹发射场)。中央军委副主席、国防科委主任聂荣臻,率领有关部委领导在孙继先司令员陪同下来到地地导弹发射场,主持我国自己制造的第一枚地地导弹试验典礼。

图5-04:1960年11月4日,20训练基地在地地导弹发射场,隆重举行发射国产第一枚1059导弹剪彩仪式。

在发射现场,聂荣臻发表了简短的讲话。他对参试人员说:"同志们,我国自己制造的导弹就要从你们手中起飞,一定要沉着、冷静,不要紧张。党中央信任你们,人民信任你们,现在就看你们的了。"他检阅了部队后,来到1059导弹前,给1059导弹剪彩并与参试人员合影留念。

图5-05:1960年11月4日,地地导弹发射场,我国制造的第一枚地地导弹(1059导弹)前,第一排左起:陈士榘、聂荣臻、肖帼鸿、张爱萍、钱学森、赵尔陆(中央军委国防工业委员会副主任),后排中间为吕诚华。

肖帼鸿时任20训练基地第一试验部弹道处计算室计算员、班长,连续多年被评为先进工作者。

2019年6月5日,她自述:我当年19岁,部队集合去参加1059导弹剪彩仪式。吕诚华处长让我负责给聂帅递送剪刀。聂帅过来了,我就用托盘给他送上剪刀。他剪了彩后,任务完成了,我正准备归队,吕处长拽住我,说:"去跟聂帅照相",并将我拉到聂帅身边,我站在聂帅和张爱萍中间。

第五章　不辱使命　057

剪彩仪式结束后，发射第一发苏制 P-2 导弹的原班人马立刻开始 1059 导弹的垂直检测、射击瞄准、引信安装、横偏校正等程序。

零下十几摄氏度的严寒，丝毫没有影响指战员的操作，他们认真仔细地工作。为了便于操作，不少人甩掉皮手套干活儿，手冻麻了，就使劲搓手，搓得通红，接着干。脚冻僵了，就跺跺脚，或者在操作的空隙分批跑步，直到身体发热，再继续操作。

技师蒋时庄冒着寒风，站在 10 多米高的工作平台上，检测导弹内部的控制系统。弹体的舱口很小，他只能侧身将肩部和头伸入舱内操作。此处电缆密集，为了确保操作准确安全，不碰坏仪器和扯断电缆，蒋时庄摘掉皮帽，脱去皮外衣，穿着衬衣检测和调试导弹控制系统，半个多小时下来他几乎冻僵了，终于将仪器调到最佳状态。

检测期间还更换了不合格的燃气舵，排除了液氧加注舱口偏心等故障。天亮之前，加注前的准备工作全部完成。

11 月 5 日清晨，发射阵地主任吕诚华向张爱萍副总长和孙继先司令员递交了 1059 导弹的飞行任务书，两位领导在任务书上签了字并批准执行加注程序。

导弹加注推进剂后，吕诚华发出导弹发射的一连串口令，上午 9 时 02 分，他下达了"点火"口令，导弹尾部喷出了浓烈的焰火，导弹垂直升起，程序转弯后，导弹飞行速度不断加快，不久便飞出了视野。几分钟后，几百公里外的弹着区传来报告，导弹准确击中目标。

12 月 6 日和 16 日，20 训练基地第一试验部又成功发射了第二枚和第三枚 1059 导弹，全部达到预期的试验目的。这标志着我国从此初步掌握了地地导弹制造、测试、发射的基本技术，也为后续的航天事业的发展奠定了人才、技术、管理等方面的基础。

图 5-06：我国第一枚地地导弹（1059 导弹）点火起飞。

20多年前，八路军缺粮少枪，吕诚华第一次随特工队执行偷袭任务。特工队缺少枪支和弹药，他没有枪就用布将扫土炕的扫把包成手枪的样子唬人。别说，在这次战斗中，他还真用这支假枪顶着熟睡敌人的头，缴获了一杆真步枪，完成了任务。

今天，吕诚华亲自指挥完成了国家第一枚地地导弹的试验任务。我军武器装备现代化实现了巨大飞跃，我们的军队拥有了可击敌人于千里之外的尖端武器。为国家和人民做了一件意义重大的事，不负众望，不辱使命，吕诚华对此感到无比自豪和骄傲。

图5-07：20训练基地飞行勤务保障部指战员搜索回收1059导弹残骸。

图 5-08：1059 导弹地面点火装置中酒精桶上的酒精喷嘴。中国酒泉卫星发射中心历史展览馆馆藏。

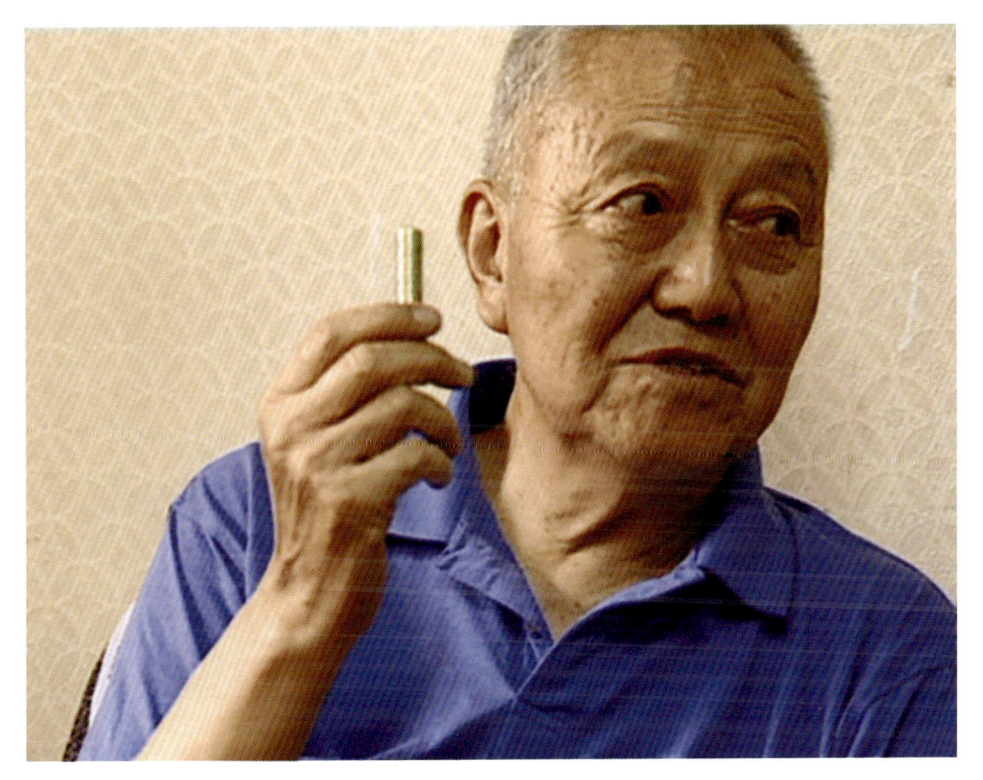

图 5-09：1998 年，20 试验训练基地电视台采访吕诚华，他拿着第一枚 1059 导弹地面点火装置中酒精桶上的酒精喷嘴给采访人员讲解导弹点火的过程。

1059 导弹发射的时候，当时用的推进剂：燃烧剂是酒精，氧化剂是液氧。这两种液体混合燃烧以后，把导弹推上去。因为这两种液体一碰容易爆炸，所以点火不是像现在这样，它是自动点火。当时在地面要有一套点火装置，装置中有一个酒精桶，这个东西是酒精桶上的酒精喷嘴。导弹点火时，酒精桶把酒精压缩后喷到导弹发动机的燃烧室里，导弹上的液氧先下来与酒精桶喷出的酒精混合触发燃烧，然后大量的液氧和酒精再下来混合燃烧，这样就可避免爆炸。

第五章　不辱使命　061

图 5-10：导弹地面点火装置。

为了纪念这段历史，吕诚华将我国第一枚地地导弹地面点火装置中酒精桶上的酒精喷嘴保存了几十年之后，捐给了中国酒泉卫星发射中心历史展览馆。

1998年，在20训练基地组建40年之际，吕诚华写下了《我们把第一发地地导弹送上天》的纪念文章（被收入《天骄——我与中国酒泉卫星发射中心》一书）。

我们把第一发地地导弹送上天

发展我们自己的导弹、原子弹是毛主席、党中央的战略决策，意义重大、影响深远。1957年中央军委决定以志愿军第20兵团为基础组建地对地、空对空、地对空、岸对舰导弹的综合试验基地。

从1958年开始勘察定点工作，在周总理和中央军委的领导下，各军兵种齐抓共建，仅用两年多时间，到1960年就基本建成投入使用。

当时最紧迫的任务是，如何尽快抽调和培训一批能够适应综合性试验要求的技术人才。按当时苏联专家提出的方案，仅工程师一项就需要2073名，当孙继先司令员向总政肖华副主任汇报时，肖副主任风趣地说："我把全军的工程师都给你们，也凑不够啊。"总政从各军兵种抽调来一批技术骨干，又从哈军工和高等院校调来一批学员。通过苏联专家讲解和设备安装调试，并派技术人员到研制单位和生产厂家学习，培养出我国第一代能掌握各种导弹试验技术的人才。这为基地的发展创造了条件，打下了基础。

1960年中苏关系恶化，苏联单方面撕毁协议，撤走了专家，我们只能自力更生，依靠自己的力量来完成各项试验任务了。

当时地地导弹是从苏联引进的P-2型号。苏联专家走了，我们中国人能否把导弹送上天，这个问题就很尖锐地摆在了我们面前。

万事开头难，我们没有经验，大多数技术人员专业也不对口，学坦克、汽车的要去搞自动控制。人常言，隔行如隔山，困难可想而知。但是大家都抱着为党为国争光的信念，日以继夜地刻苦钻研，有的同志还能把复杂的大电路背下来。

我们的试验大队是1959年春组建的，大部分人员是从炮兵调来的。那时基地生活条件还很差，战士们形象地说："天无云，地无草，大风刮着石头跑。"帐篷刮走，饭里掺沙子是常有的事，但大家毫无怨言，刻苦学习，反复演练，为的是圆满完成导弹上天的任务。苏联专家撤走后，基地决定先试射从苏联进口的P-2型导弹，以检验设备和人员的适应性。当时，我是第一试验部综合试验处处长，石荣屺是副处长，施存璧是试验大队长。技术阵地主任是石荣屺，水平测试组长陈翰琪，单元测试组长葛文楣，水平测试中队长孙培生；我担任发射阵地主任，施存璧是副主任，垂直测试组长顾托，横偏校正组长李肇基，发射中队长忠勇。

毕竟是第一次，心情久久不能平静。发射阵地垂直测试完毕后，我向基地和总部领导同志汇报了加注前的技术准备情况，孙继先司令员和张爱萍副总长先后在飞行任务书上签了字，批准加注推进剂。我和忠勇在3号阵地控制室，通过潜望镜密切注视着发射阵地的情况。

1960年9月10日，日出前我下达了一分钟准备和开拍、点火的口令，操作员赖继丛按下了点火按钮。我从潜望镜里看到地面点火装置启动，导弹尾部喷出了耀眼的火光，缓缓地垂直上升，4秒钟后导弹开始程序转弯，速度也越来越快，阳光照射在升空的导弹上十分壮观。我们成功了！同志们都高兴得跳起来，相互拥抱，共同祝贺。

我走出地下指挥所到发射台附近查看，地面的水泥都烧成了玻璃状。不久，前来参观的同志们都到了发射台周围，孙司令也来了，他板着一副严肃的面孔，一句话也没有说。后来他才告诉我，说是"怕你们骄傲，艰巨的任务还在后头"。

1960年11月5日，我们又成功地把我国仿制的第一枚地地导弹——1059型号的导弹送上了天。

为了纪念这个开创性的时刻，我把1059导弹地面点火装置上的酒精喷嘴保留至今。

第六章

勇于担当

要想对导弹、原子弹结合（两弹结合）试验有更清晰的了解，首先要从东风 2 号导弹讲起，因为东风 1 号导弹不具备运载核弹头的能力。

为了实现导弹的核打击能力，中央军委决定自主研制中近程导弹东风 2 号，

图 6-01：
东风 2 号导弹加注推进剂。

这是一款完全由我国自主设计、自主研制、自主生产的导弹。

经过几年努力，1962 年 3 月 21 日，由国防部五院研制的东风 2 号导弹在 20 训练基地的地地导弹发射场完成垂直检测、射击瞄准、引信安装、横偏校正、推进剂加注等工作后，9点05分，发射阵地主任吕诚华下达了"点火"口令。然而，导弹起飞后不久，便开始摇摆起来，41秒开始下坠。69.27秒，导弹在距离发射台680米处坠毁爆炸，地面被炸出直径22米深4米的大坑。

这次试验的失败对东风2号导弹研制和参试人员是极大的震撼，大家心情十分沉重。研制单位的人员，有的落泪，有的失声痛哭。

导弹发射失败后，大家马上开始了事故的全面仔细检查和分析工作。从东风2号导弹进场的安全保卫、技术阵地检测的各个环节，到发射阵地设备、测试和操作过程，都进行了全面检查，甚至回放发射试验录音带检查发射口令有

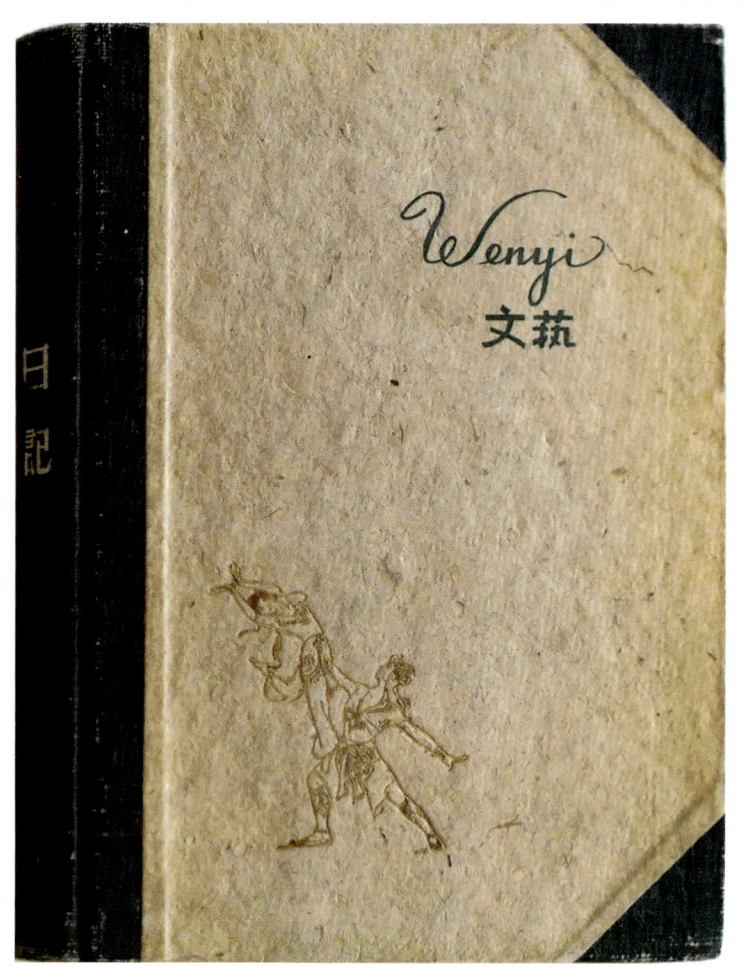

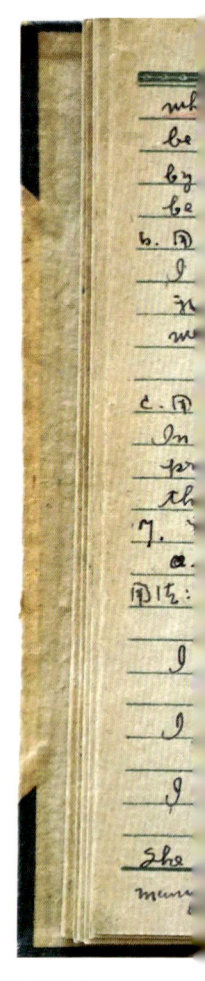

图6-02、6-03：吕诚华学习英文的笔记本，18cm×13cm×1.5cm。中国酒泉卫星发射中心历史展览馆馆藏。为了了解西方尖端武器的发展，1962年吕诚华开始学习英文。

没有出错。

国防部五院的技术人员与 20 训练基地一部和六部的技术人员，用了 1 个多月的时间，共同分析研究了光测和遥测的结果，初步找出失败的原因。虽然这次试验失败了，但我们积累了宝贵的经验和教训，为以后导弹研制提供了依据。

这次导弹发射的失败引出了导弹发射后的安全保障问题。导弹发射后，如果未按预定航区飞行，一旦坠落到人口稠密区必然会造成重大伤亡。于是，责成第一试验部单元处安全科，负责研究制定导弹试验的安全控制方案。发射试验大队横偏校正分队独立出来，专门成立了安全控制中队。

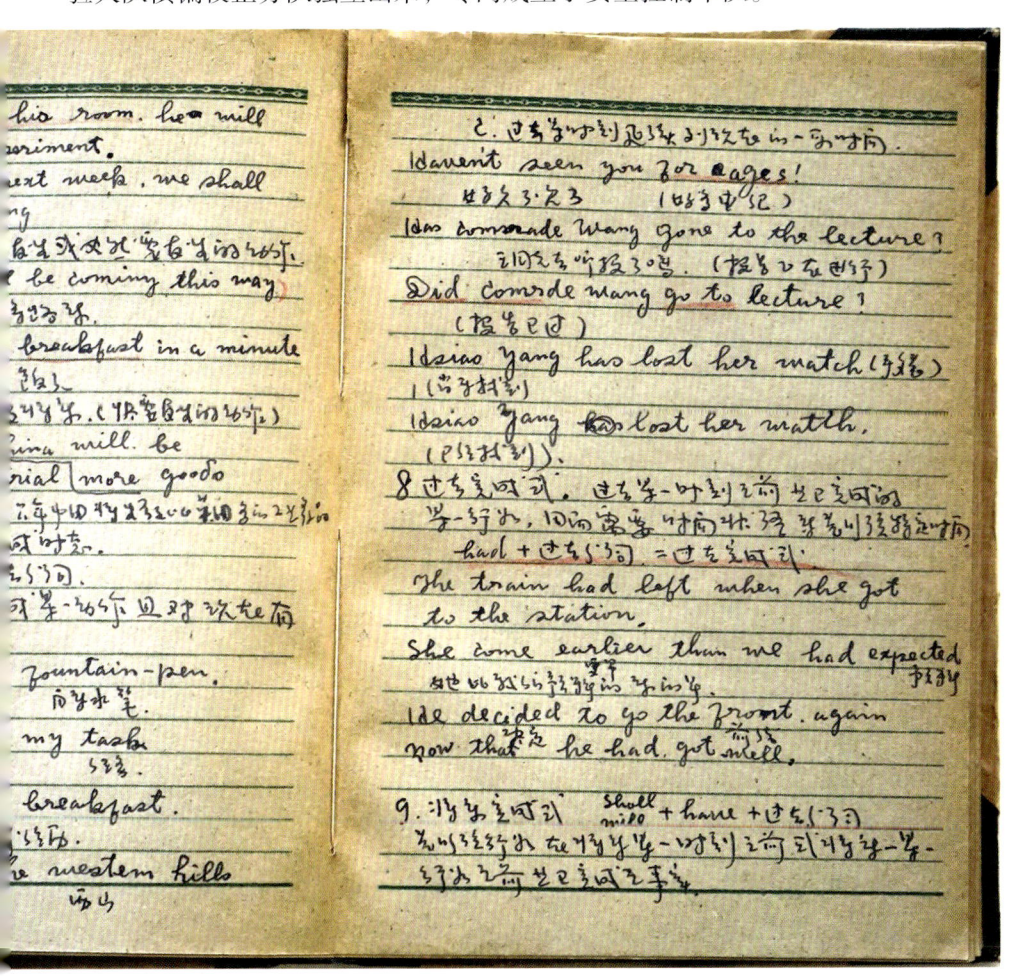

国防部五院的导弹专家用了两年多的时间，对东风2号导弹重新改进设计，并在地面进行了17项大型试验、105次发动机试车，终于在1964年5月下旬重新运达基地。

在此期间，吕诚华由20训练基地第一试验部综合试验处处长晋升为一部副部长。

1964年6月29日，20训练基地第一试验部进行了经修改设计后的东风2号导弹的全程试射，一举获得成功！

1964年7月9日、11日又发射了两枚东风2号导弹，全部获得成功。

与此同时，即1964年10月16日，中国第一颗原子弹也在位于新疆的核试验基地爆炸试验成功！而东风2号中近程导弹的发射成功，标志着我国依靠自己的技术力量，掌握了导弹和火箭的运载技术，从而使发射搭载核弹头导弹成为可能。

从1965年1月起，20训练基地第一试验部对东风2号导弹实施了一次又一次的发射试验。特别是1965年11月13日，增加射程后的东风2A型导弹首次发射获得成功！紧接着，一部又连续七次发射了东风2A型导弹，结果是六次成功，一次失败！

至此，发射载核导弹的条件已经成熟。1965年7月，吕诚华升任20训练基地第一试验部部长。

1965年，我国不仅有了原子弹，也有了可运载核弹头的导弹。但要形成具有实战能

图6-04：东风2号导弹在地地导弹发射场起竖

导弹发射平台
发电机停放
液氧补加车停靠位置
交流电机停放位置

力的核武器，就必须把核弹头装在导弹上，真枪实弹地完成"两弹结合"的核爆试验。

1965年中央专委（为了加强导弹、原子弹研究试验工作的领导和更好地组织全国大协作，1962年11月，国家主席刘少奇在一次中央会议上宣布，成立以周恩来总理为首的中央十五人专门委员会）批准"两弹结合"全程飞行试验任务，任务代号21-2。

这是第一次由负责导弹发射试验的20训练基地与负责核试验的基地联合

图 6-05：50 号（临时导弹发射场），2016 年拍摄。

执行任务。20 训练基地的发射场作为试验的首区，核试验基地的试验场作为试验的末区。

为了保证 20 训练基地原有场区的安全，1966 年 6 至 8 月，在距 20 训练基地机关和家属场区约 50 公里的戈壁滩上修建了一个临时导弹发射场，取名"50 号"。

第六章　勇于担当　073

图 6-06、6-07、6-08、6-09：液氧补加车停靠位置的外墙，2016 年拍摄。

图 6-10、6-11、6-12、6-13：BK01 电源拖车（汽油发电机－交流电站 1 号、2 号）停放位置的外墙，2016 年拍摄。

第六章　勇于担当　075

图 6-14、6-15、6-16：BK09 交流机（直流电站，供发射系统电源、配电地面电源，包括 BK36 继电器控制箱）停放位置的外墙，2016 年拍摄。

图 6-17：地下发射指挥控制室竖井入口和潜望镜出口，2016 年拍摄。

图 6-18：导弹发射平台，2016 年拍摄。

  20 训练基地第一试验部担负试验首区导弹的测试、发射、安全保障和弹道测量。同时 20 训练基地从下属单位抽调 118 人与相应设备担负试验末区弹道测量、核弹起爆高度和时间的测量。20 训练基地后勤部负责试验首区 60 公里以内的人员疏散和安全防护。总参谋部和兰州军区负责导弹航区内居民的疏散和安全防护。核试验基地担负核爆效果评测。

  "两弹结合"全程飞行试验从某种意义上讲最重要的是安全保障任务。美国和苏联都是从本土打到公海进行载核导弹试验。我国不具备从本土打到公海的条件，因此只能在本土进行载核导弹试验。这样的试验风险巨大，万一发生意外，核弹头落到试验区外，可能引发巨大的核灾难。党中央要求研制、生产和试验单位都要确保试验的安全。发射试验的安全保障任务，由 20 训练基地第一试验部负责完成。

  1966 年 9 月 22 日，"两弹结合"试验进入发射试验阶段。10 月 7 日，首先对东风 2A 型导弹进行安全自毁系统的试验。临时导弹发射场上，一枚载着假核弹头的东风 2A 型导弹腾空而起，导弹起飞后 50 秒，在发射方向的正反方向，距发射台几公里的安全控制阵地的指挥员发出了自毁口令，操作员按下控制装置上的自毁按键，弹头、弹体在高空爆炸解体。这一操作验证了安全控制系统完全可靠。

  安全控制阵地由指挥控制中心、光学测量仪器和遥控设备三部分组成。考虑到安全控制阵地上人员的安全，安全控制阵地应距离导弹发射场越远越好，但受我国当时技术条件的限制，只能使用地面观测加遥控方式保证"两弹结合"试验的安全，因此安全控制阵地设在距离导弹发射场只有几公里的地方，这是光学仪器可观测到发射台上导弹的最远距离，也是无奈之举。

20世纪60年代是政治挂帅的年代，政治任务是头等重要的工作。1966年3月13日，20训练基地第一试验部部长吕诚华被派到甘肃酒泉安西县参加"四清"（1963年至1966年，中共中央在全国城乡开展社会主义教育运动，在农村中是"清工分、清账目、清仓库和清财物"，后期在城乡中是"清思想、清政治、清组织和清经济"）工作。他任20训练基地安西县"四清"工作团团长。

图6-19：1966年10月7日中共酒泉地委安西县"四清"工作团县团机关全体合影，前排左九为吕诚华。

第六章　勇于担当　079

图 6-20：载有核弹头的东风 2A 型导弹在 50 号（临时导弹发射场）起竖。

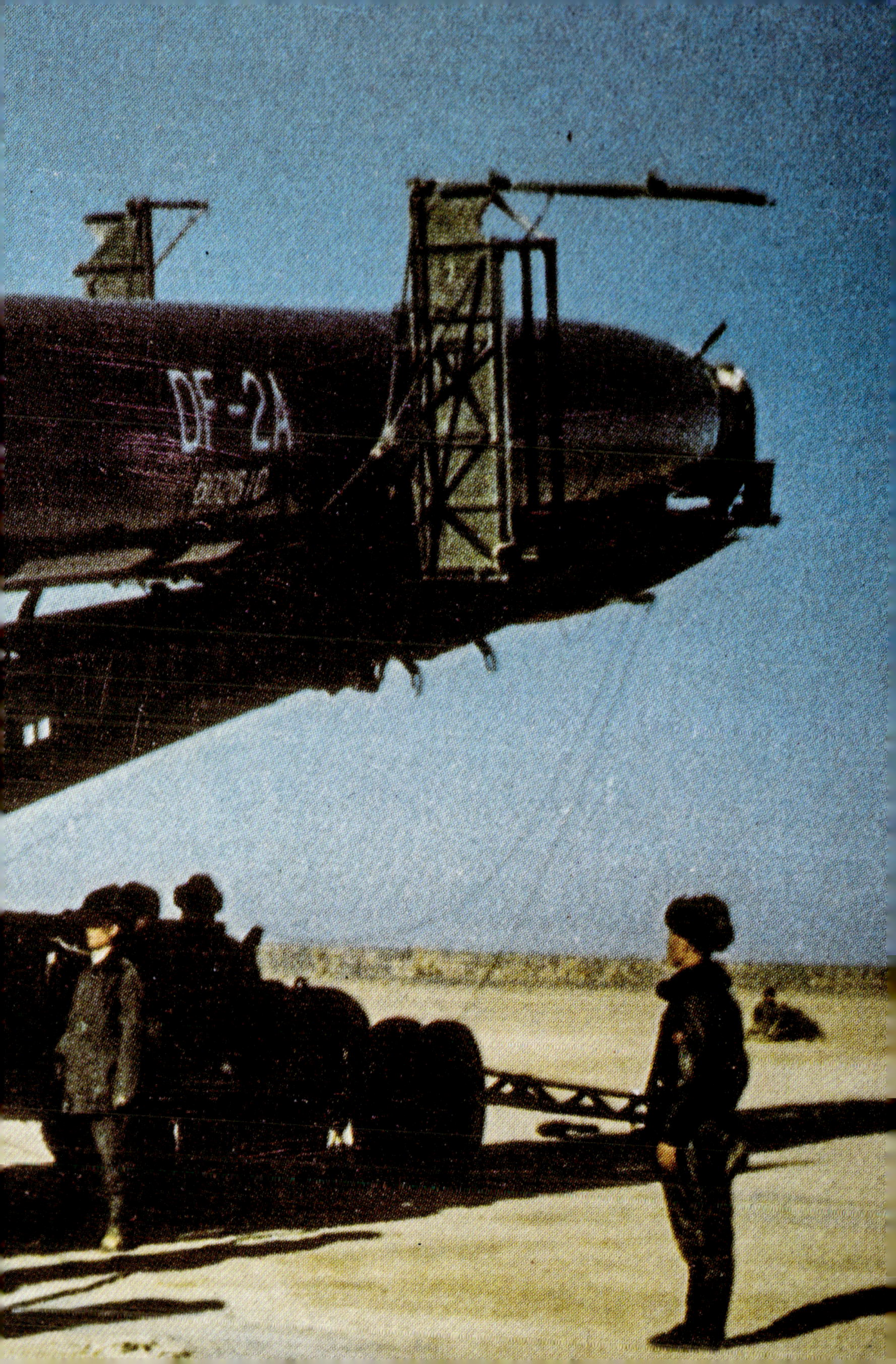
DF-2A

"两弹结合"试验是一次有巨大危险的试验。作为一名经验丰富的导弹试验指挥员,他认为自己更有责任在第一线,保障圆满、安全地完成"两弹结合"试验。10月7日,安西县"四清"工作结束的当天,他就立即返回了20训练基地。

回到20训练基地的第二天,他立即投入"两弹结合"试验任务。10月13日、16日,模拟"热试",先后进行了两次未载核弹头的"冷试"。验证了核弹头引爆系统的可靠性,并准确测量到起爆高度和时间。

由于导弹与核弹头的对接需要在发射阵地完成,10月26日,导弹、核弹头分别从导弹存放地点技术阵地(导弹测试厂房)和核弹头存放地点向发射阵地(临时导弹发射场)转运。当天刮起大风,漫天黄沙,能见度很低,车辆只能缓慢行驶,50多公里的路程,用了3个小时。

车队抵达临时导弹发射场后,虽然风速有所减弱,但仍在20米/秒左右,风沙吹在脸上,针扎般地刺痛。发射大队二中队吊装组打破风速在15米/秒之上,气温在零下11摄氏度之下一般不能使用高架重型起重机的规定,在寒风中进行导弹的吊装。由于风太大,虽有16人在导弹两侧用绳子牵拉防止晃动,但导弹刚刚吊离运输拖架,就在空中不停地摆动。为了防止导弹与地面设备碰撞,又增加了一条绳子和12个人,有人拉着绳子,有人扶着弹体,有人观察周围情况,操作手准确地操作,慢慢地将导弹安全吊装到起竖托架上。

担任导弹与核弹头对接的操作手田现坤,在零下十几摄氏度的寒风中,脱掉外套钻进弹头和弹体之间仅有的50公分的缝隙中,平时只需40分钟就可完成的操作,这次用了80分钟,他小心翼翼地完成了上百个动作,准确可靠地将导弹和核弹头连接在一起。他完成任务后,在现场的中央军委副主席聂荣臻走上前去,握着小田的手说:"辛苦了,快到暖和的地方休息会儿。"

对接工作完成后,导弹起竖在发射台上,参试人员连夜对导弹进行垂直测试、射击瞄准、横偏校正等工作。舵机操作手赵富修为了消除导弹起飞的零位误差干扰,冒着寒风,不戴手套,用冻僵的双手认真仔细地调整舵机,按技术要求调到±0.3伏即可,但他硬是将4个舵机全部调到零位。这次试验工作全部都做到精益求精、无差错、无误动作、无事故和无损坏。

图 6-21：地下发射指挥控制室竖井，2016 年拍摄。

图 6-22：地下发射指挥控制室通道，2016 年拍摄。

10月27日凌晨，导弹发射前的准备工作就绪。这是在我国本土进行的第一次也是唯一的一次导弹、原子弹结合试验，稍有差池，后果不堪设想。载有核弹头的导弹需要由周恩来总理亲自批准才能发射。发射阵地装有直通周总理办公室的专线电话，阵地上的最高领导国防科委副主任张震寰，在电话中向周总理报告了导弹发射的准备情况，请求加注、发射。周总理批准了加注、发射。

和历次导弹发射一样，吕诚华首先对导弹发射前的各项工作进行了仔细检查，做到万无一失，确认没有问题了，他向距发射台160米的地下发射指挥控制室走去。指挥控制室是一个埋深约4米，底部距地面6米的钢筋水泥建筑。建筑可阻挡核爆炸产生的冲击波、光辐射、核辐射。室内除发射控制设备外，还备有万一导弹发射出现意外，发生核爆炸，室内人员等待救援期间需要的食品、饮水和氧气再生设备。指挥控制室是全密封的，只有十几平方米，各种设备开通后，散发出大量的热量，室内温度可达40摄氏度，又热又闷，工作时间长了，人呼吸都有些困难。

吕诚华下到地下发射指挥控制室，第一试验部政委高振亚、参谋长王世成、发射大队二中队队长颜振清、控制系统技术助理张其彬、加注技师刘启泉、控制台操作员佟连捷、战士徐红已在那里准备多时。王世成报告了准备情况，设备工作正常。他与高振亚交换意见后，返回地面。

此时推进剂加注完毕，发射程序进入30分钟准备，发射阵地上的人员开始撤离，吕诚华离开了发射场。

他乘车来到距导弹发射场只有几公里的安全控制阵地。阵地上只有简易的防护设施，如果导弹发射时出现意外，核弹头爆炸所产生的巨大破坏力会极其严重地危害到阵地上的人员。但为了完成这次光荣的使命，大家都做好了牺牲的准备。阵地的地面上布设两台测量导弹弹道的光学仪器，一台是两人操作的电影经纬仪，另一台是三人操作的高炮指挥仪，后者是备用的。吕诚华在这里下了车，看到五名操作手正全神贯注地操作着两台仪器。安全中队安全遥控分队高分队长（因出色完成"两弹结合"试验中的任务，荣立二等功），向他报告了发射前的准备情况。

他与高分队长紧紧握手之后，走向安全指挥控制中心。指挥控制中心设在一个半地下的掩体里。掩体前方有一个观察口，可观察地面的情况。掩体内的控制装置可生成导弹的横偏校正和自毁指令，指令通过遥控设备发出。掩体内还设有两块标记导弹飞行轨迹的图板，图板上标有导弹飞行轨迹的允许偏差范围。导弹起飞后，两位标图员依据电影经纬仪操作手报出的数据，分别在两块图板上标出导弹飞行的轨迹，一旦轨迹超出偏差范围，指挥员就会下达"自毁"口令，控制装置的操控员立刻按下自毁按键，遥控设备发出自毁指令，导弹上的自毁装置收到自毁指令，先炸弹头、后炸弹体，弹头、弹体解体，碎片将散落在导弹发射场周边的戈壁滩上。

吕诚华走进掩体，掩体内有20训练基地政治部副主任邓迈、一部单元处处长李肇基、一部单元处安全科科长顿河，还有两名标图员。"两弹结合"核爆试验是极其危险的，阵地上的人员要减到最少，干部都冲在第一线，顿河是安全控制项目的负责人，此次试验兼任控制装置的操控员。

参试人员凌晨2点已到达安全控制阵地，做导弹发射前的准备工作。尽管大家已经工作6个多小时了，但仍然精神抖擞。李肇基向吕诚华报告：一切准备就绪。每个人都静静地等待载着核弹头的导弹发射时刻的到来。

临近发射了，忽然一辆吉普车飞驰而来，20训练基地政治部保卫部副部长张荆中从车上跳下来，快步走进掩体。他是在发射场周围最后查看还有没有未撤离的老乡，自己来不及撤到安全地带，只好到这里躲避。其实大家心里也知道，这里也绝非完全安全，万一导弹发射出现意外，发生核爆炸，这里将首当其冲，即使不因冲击波致死，也会因核爆产生的超强光致盲或被灼伤，更不用说核放射污染。但是他们宁愿牺牲自己也要保障试验的安全。

1966年10月27日9时，发射阵地上，地下指挥控制室内，指挥员王世成下达了"点火"口令。发射阵地闪出火光和浓烟并伴随着隆隆的巨响，载着核弹头的导弹缓缓升起。

图6-23：敖包山指挥所，2016年拍摄。

敖包山指挥所距离50号（临时导弹发射场）直线距离约19公里。1966年10月27日，中央军委副主席、国防科委主任聂荣臻，国防科委副主任张震寰，第二机械工业部（核工业

部)副部长李觉,第七机械工业部(航天工业部)副部长钱学森,炮兵副司令员向守志,20训练基地政委栗在山,代司令员李福泽,在这里指挥导弹、原子弹结合试验。

图 6-24：载有核弹头的导弹腾空而起。

安全控制阵地上，指挥控制中心内，报话机里传来电影经纬仪操作手报来导弹飞行的数据，标图员的笔在标图板上一点接一点地标记，形成一道轨迹，吕诚华全神贯注地注视着导弹轨迹的走向，时刻准备发出"自毁"口令。轨迹在偏差范围内不断延伸，直至导弹飞出了发射的主动段。虽然安全控制阵地的任务完成了，但是大家还是在焦急等待着试验末区的消息。

试验末区的工作也是千头万绪。

1966年8月，20训练基地组成118人的末区测量队，任命6站（20训练基地导弹末区）副站长匡德新为队长，基地司令部航测处1科科长李宗棠为副队长，称为20作业队。其任务是进行"两弹结合"试验核弹头再入大气层后的外弹道测量、遥测和爆炸高度与爆炸时间的测定。

8月初，20训练基地与核试验基地开始在新疆罗布泊地区勘察，确定设备布站。进行了工程、测量、道路、通信、气象和营地建设。9月初，20作业队携带两台电影经纬仪、一台光继电器、一套6A遥测车（两车）以及通信、观测、

图 6-25：6A 遥测车。

搜索、电源车等设备，到达试验末区测量营地，开始设备安装调试，与试验首区合练信息联调（通信、时统、调度），参加核试验基地试验指挥系统合练。

10月27日凌晨，参试人员抵达战斗位置，观测位置距预设爆心约30公里。核试验基地要求20训练基地作业队人员佩戴防护眼镜，就是比墨镜黑得多的眼镜。光学仪器的操作手戴上防护镜，根本无法观测，他们冒着可能被核爆产生的超强光致盲的危险，坚持不使用防护眼镜。

10月27日9时9分，核弹头在试验末区核试验场的靶心上空预定高度成功爆炸。20训练基地作业队在预设弹道上发现并跟踪核弹头，准确测定了核爆的高度和时间。

两弹结合试验成功了，安全控制阵地的人员终于松了一口气，大家欢呼、跳跃，相互祝贺。

朝鲜战争期间，美国曾威胁对我国使用核武器，如今，我们终于有了自己的核威慑与核打击能力了！

第七章

临危不惧

图 7-01：中国第一个卫星发射场（已停止使用，现为爱国主义教育基地，供参观）。2016 年拍摄。

1958 年 5 月 17 日，在中共八届二次会议上，毛泽东主席宣布："我们也要搞人造卫星！"

在我国导弹、原子弹试验成功之后，中央专委很快将人造地球卫星试验提上了议事日程。20训练基地第一试验部为了卫星试验，从1968年开始，进行了三年的准备工作。

图 7-02：中国第一个卫星发射场配有两个发射工位，2016 年拍摄。

首先进行了卫星发射场和 154 测量控制站的建设，并新增了设备，主要设备有：长春光学精密机械与物理研究所研制的 150 电影经纬仪，第四机械工业部（电子工业部）研制的 154 单脉冲雷达和 108 乙计算机。这一套测量系统可准确地测报卫星轨道数据。

其间，还根据试验要求组织调配技术人员，掌握卫星发射技术。

当时，20训练基地第六试验部的西安测量控制中心还没有完全建好，20训练基地第一试验部的154测量控制站还承担了代理测量控制中心的任务。卫星发射成功后，如果不能准确测报卫星轨道数据，卫星试验不算成功。

图 7-03：勤务塔与火箭发射架，2017 年拍摄。

这是我国第一次进行卫星试验，没有经验，20训练基地第一试验部成立了一个室，专门研究卫星在轨控制与操作。我国第一颗人造地球卫星试验是由20训练基地负责指挥控制操作的，后来才逐步被北京国防科委指挥所接管。

第一试验部承担卫星试验的三项任务：第一项是卫星的测试和发射任务；第二项是卫星初始段的测量任务；第三项是安全保障任务，万一卫星发射偏离预设轨道，确保将其炸毁。

当时，20训练基地第六试验部在湖南新化设有一个测量站，第一试验部在20训练基地场区设有一个154测量控制站，卫星发射后，这两个测量站的数据要对接，154测量控制站要跟踪卫星到湖南新化测量站能够发现卫星的地方，两地进行交接。

吕诚华时任第一试验部部长。高震亚政委1968年调走后，没有新政委，他既是党委书记又是部长。他深知此次任务自己责任重大。周恩来总理指示要做到"认真实干，周到细致，稳妥可靠，万无一失"。怎样做到万无一失，一部党委经过反复讨论，要求政治工作、后勤工作、技术工作，都要做到万无一失。不仅每个单位要做到万无一失，而且每个人都要做到万无一失，只有每个人做到万无一失了，才能够达到周总理的要求。大家把万无一失分解成无数个万无一失，落实到每一个人，以此保证完成任务的万无一失。一部的参试人员从干部到战士夜以继日地精心做好准备工作。技术阵地、发射阵地、光学测量站、遥感测量站、雷达测量站，都努力做到万无一失。108乙计算机是新研制的计算机，为了保证卫星试验，两台计算机并联起来工作，如果有一台出了问题，马上能转换到另一台继续工作。各个地方都采取双保险的制度。这是我国第一次发射卫星，没人有经验，所以一部的参试人员更是使命在肩，如履薄冰，兢兢业业地完成各项准备任务。

当时第一试验部机关在7号，吕诚华每天工作就是两点一线，一个点是卫星发射场，一个点是154测量控制站，一线就是连接两点的大约60公里的公路。他在两地之间来回检查卫星试验工作的准备情况，很少去7号。

第一次卫星发射风险很大，因为要把卫星送到预定轨道，东风4号导弹两级液体发动机不够用，发射卫星的长征1号火箭是在东风4号导弹上增加了一级固体发动机。固体发动机是第七机械工业部（航天工业部）研制的，虽然经过地面试验，但没有发射试验过，真正发射要面临很大风险。

1969年11月16日，第一次长征1号火箭发射试验，因二级发动机未能点火导致发射失败。总结经验，1970年1月30日，再次发射火箭，试验获得成功。

火箭发射成功了，卫星能不能准确定位就成为试验的关键问题。以前导弹发射试验中地面测量用的光学仪器，作用距离短，易受天气影响，又不能直接测速。为了卫星的试验，新建了154测量控制站。站里安装了154单脉冲雷达、108乙电子计算机和安全遥控、时间统一、数据传输、通信、气象等设备。火箭起飞后，这套系统可以准确测定火箭的飞行速度和位置，并可完成火箭主动段的安全控制和轨道计算，还可准确测报卫星轨道数据，显示和传输各种信息和测量数据。这是我国自主研制的第一套火箭和卫星测量系统，在安装调试期间，大量的问题不断出现，经研制单位和一部技术人员的共同努力，排除了各种故障，最终通过综合试验和校飞鉴定。154测量控制站是全新的，场地是新的，设备是新的，人员也是新的，在"三新"情况之下完成这项任务，工作是非常艰巨。站长杨秀敏负责行政，副站长王占华、李肇基负责技术，他们两人为卫星试验成功作出了很大贡献。

发射东方红1号卫星是一个庞大的系统工程。科研、生产、试验单位数十万人联合攻关。各工业部门，全军各大单位和人民群众都动员起来支援这项工作。临发射前，154测量控制站单脉冲雷达的速调管要更换，14院12所加班加点赶制，飞机在机场等候，运到基地时管子还热乎乎的。当时发射场区与全国各测量站的通信和数据传输大多数使用的是明线，为了保障通信畅通和数据传输，卫星试验期间，几千公里的线路，每根电线杆都有民兵日夜守护。

图 7-04：卫星、火箭测试厂房，东方红 1 号卫星与长征 1 号火箭对接。

　　4 月 1 日，两颗东方红 1 号卫星和一枚长征 1 号运载火箭运抵技术阵地（卫星、火箭测试厂房），七机部与第一试验部的技术人员对卫星、火箭进行了仔细检测。到 4 月 10 日，完成了卫星和火箭的测试，所有项目均符合发射要求，待命转运至发射阵地（卫星发射场）。

4月17日，卫星和火箭分成几级从技术阵地（卫星、火箭测试厂房）转运到发射阵地（卫星发射场），参试人员将它们吊装对接后，仔细地进行垂直测试，保证火箭和卫星不出任何问题。

图 7-05：东方红 1 号卫星。

周总理对卫星试验要求很严格，他在人民大会堂多次听取 20 训练基地的汇报，前几次是一部石荣杞副部长去汇报。4 月 23 日，卫星和火箭在发射阵地上的准备工作全部结束。20 训练基地气象室预报，24 日晚上发射场区天气转好，21 时左右 1 小时云层高度和风速均符合发射要求。23 日晚，周总理最后一次要 20 训练基地到人民大会堂给他汇报。参加汇报的人员从基地的机场乘飞机到达北京，下了飞机直接赶到人民大会堂，来到福建厅。

周总理、李先念副总理、军委副主席叶剑英等参加了汇报会。20 训练基地汇报卫星发射前的各项准备情况；七机部汇报火箭和卫星的情况；吕诚华代表基地，汇报了卫星发射前的准备情况和发射后安全系统的保障工作。因为此次发射卫星，火箭航区要经过兰州，刚好火箭第一级落点距离兰州很近，万一出了问题，兰州就有危险。所以周总理对这个问得比较细，很关心。吕诚华报告了弹道数据，第一级落到哪里，第二级落到哪里，最后一级落到海南岛附近。如果发射不成功，卫星上不了天，就成了洲际导弹，最后落点，要落到澳大利亚，可能引起国际纠纷。吕诚华对可能出现的安全问题，采取什么相应安全措施都做了详细的汇报，并向周总理保证，20 训练基地能保障此次卫星试验的安全。汇报结束后，中央批准火箭燃料加注。

东方红 1 号卫星试验的指挥权归属问题有过争论。因这次是包括第六试验部（测量部）在内的全国性的试验，20 训练基地作试处认为，这次任务的指挥权应归作试处。历次导弹和火箭试验，吕诚华都是抓住指挥权不放，他认为："导弹和火箭发射情况瞬息万变，如遇突发情况，我请示你，再等你的决定，根本来不及。"确定指挥权归属的会议上他据理力争，会议最终决定将卫星试验的指挥权交给第一试验部。

第七章　临危不惧

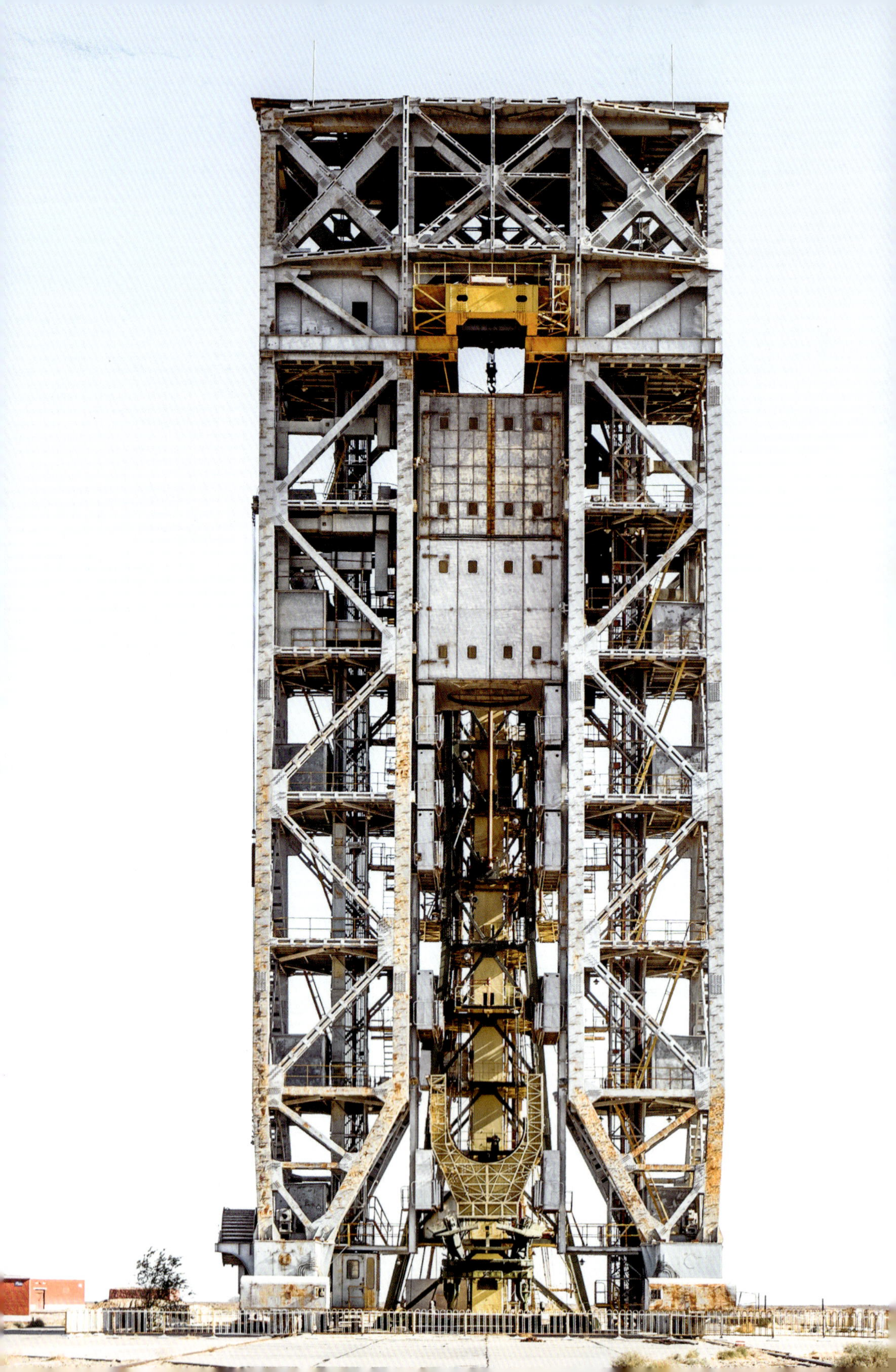

1970年4月24日凌晨5时45分，发射场开始给火箭加注推进剂，卫星试验进入发射前的工作程序，参试人员紧张有序地完成每一个程序。下午15时50分，周恩来总理打电话给在北京的国防科委，通报"毛主席已经批准发射"！并指示："希望大家鼓足干劲、过细地做工作，要一次成功，为祖国争光。" 这一指示经20训练基地指挥部（指挥部位于敖包山指挥所，距卫星发射场直线距离约5公里）传达到全国各个参试单位。发射场区参试人员听到毛主席亲自批准了卫星发射，执行这个任务何等光荣！群情激昂，大家奋斗了日日夜夜终于等到了这一刻。16时，发射进入5小时准备。吕诚华将发射指挥权交给了一部发射团副团长杨桓，自己去检查卫星发射前的全面工作。第一次进行卫星试验，意外情况不断，件件都必须立刻作出决定。特别是此次发射，154测量控制站还担负着代理卫星测量控制中心任务。他既要负责卫星发射现场的工作，又要负责卫星测量控制中心的工作。

　　火箭加注燃料结束前，操作手陈宪华在撤收最后一个加注连接器时，易燃易爆的剧毒液体燃料突然从火箭端流了出来，不一会儿，整个发射塔上浓烟滚滚，气味刺鼻，异常危险。在现场指挥加注的第一试验部副部长石荣屺，立即命令一部发射团二中队，一定要堵住漏洞，无关人员立刻撤离现场。经过半个多小时的紧张工作，排除了故障。

　　卫星发射前对火箭测试时，又发生了程序配电器启动报警。这时程序配电器如错误启动，火工品就会爆炸，发射场就将是一片火海，在场的人员都必死无疑。然而此时所有参试人员都坚守在自己的岗位上，无一人逃离。经认真排查，结果表明报警不是由程序配电器启动造成。

　　其间还发生了……

图7-06：勤务塔，2017年拍摄。
　　勤务塔是发射阵地的主要设备，用于火箭卫星起竖、对接、测试。它由门架、吊车、合车、工作平台、工作间、电梯及电器设备等组成。塔高55米，重1300吨，吊车主吊重15吨，副吊重5吨，起吊高度45米，塔架有10层活动工作台。在塔高29米至42米处有密封间，洁净度为10万级。勤务塔可沿轨道行驶到南北两个发射工位。

第七章　临危不惧　103

图 7-07：卫星发射场地下发射指挥控制室地面入口，2017 年拍摄。

图 7-08：进入地下指挥控制室的通道，2017 年拍摄。

图 7-09：地下指挥控制室地下入口，2017 年拍摄。

图 7-10：地下指挥控制室，2017 年拍摄。

图 7-11：地下指挥控制室一层全景图，2017 年拍摄。

  发射进入 1 小时准备，吕诚华来到地下指挥控制室。时间一分一秒过去，发射场的上空，依然布满云层，看不到星星。有云就可能有电，有电火箭发射时就有危险，而且有云能见度就低，直接影响到光学仪器的跟踪与测量。正当大家焦急期待发射场上空的那片云能尽快散去时，突然，负责卫星应答机的工作人员报告："应答机信号丢失！"应答机是卫星的重要部件，若出现问题，卫星上天后将影响跟踪测量的精度和轨道预报的准确性。这时距离卫星发射只剩下 35 分钟，紧张的气氛陡然升高。地下指挥控制室内有人面对突发情况显得有些慌张，处置问题出现犹豫不决。地下指挥控制室内吕诚华职务最高，他果断地采取措施，承担起此次卫星发射任务的全部指挥责任。为了防止恐慌情绪

继续扩散，稳定军心，他立即收回了发射指挥权，马上请求延后发射时间。20 训练基地指挥部决定：推迟30分钟发射！但这个决定只能算是一个建议，能否执行，还必须报请周恩来总理批准。于是，这一建议很快通过国防科委向周总理作了汇报。周总理接到电话后，简单询问了一下情况，同意推迟30分钟发射，并强调："必须把应答机的问题解决好！"时间紧迫，指挥员和工程技术人员都很清楚，如果问题不是出在卫星上，故障还比较容易解决，假若故障是因卫星本身所致，那就需要更多的时间排除故障，麻烦就大了。因为根据气象预测，今晚可用的"发射窗口"仅有1个小时。卫星上的故障不是1个小时就能解决的，这样就会错过"发射窗口"。后来经反复检查，确定是地面设备接头接触不良，导致地面设备接收不到卫星应答机信号。

第七章 临危不惧 107

图 7-12：中国第一颗人造地球卫星——东方红 1 号卫星发射场，2016 年拍摄。

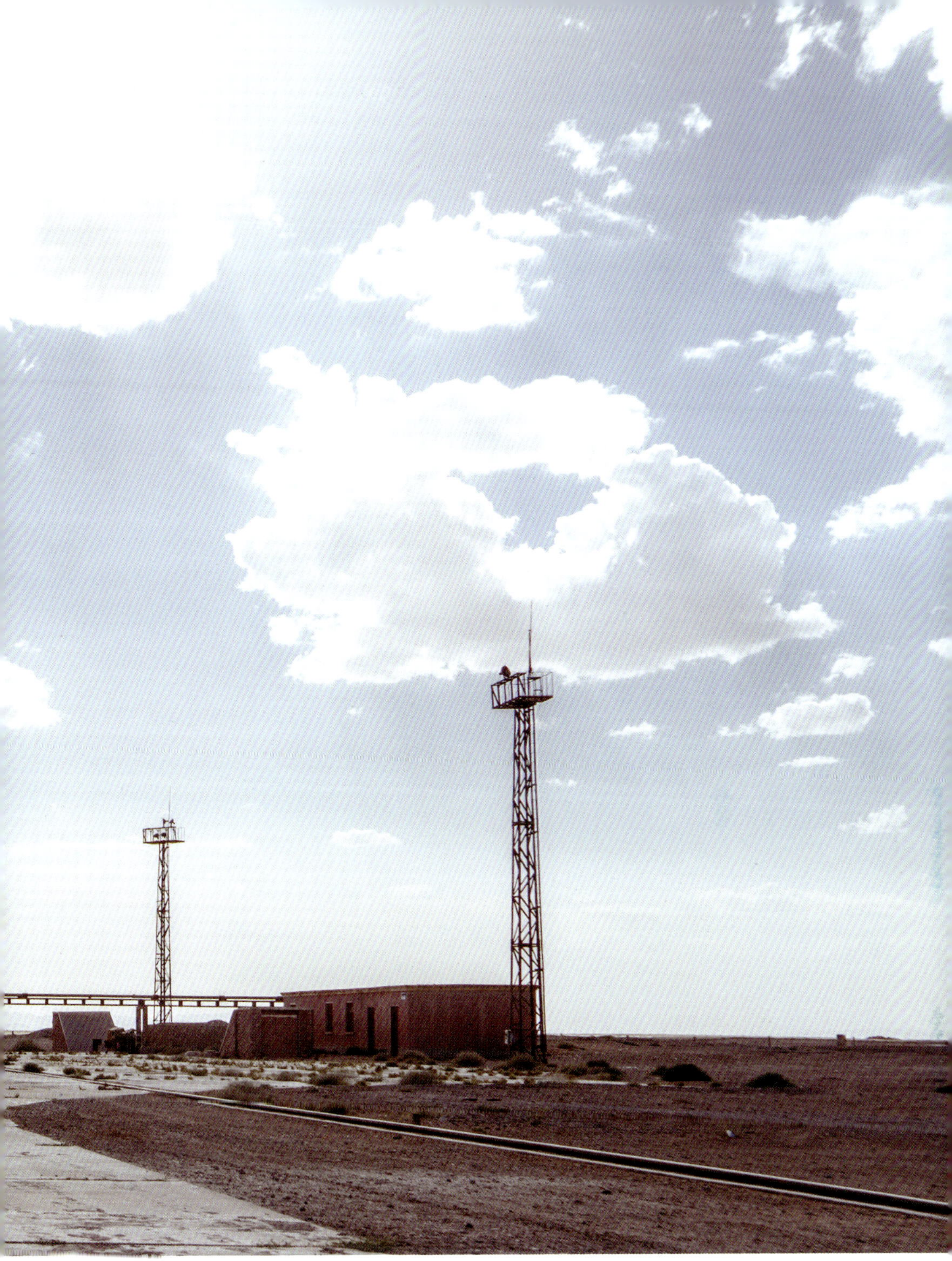

发射前接连出现意想不到的问题，加重了大家的心理负担，上上下下都很紧张。此时正值"文化大革命"，任何事情都与政治挂钩，发射成了就是功，失败了可能要受到政治批判。这如同一场事关全局的战役就要发起最后的总攻。吕诚华牢记周总理的嘱托，全面担起了随后的指挥职责。此时，每下达一个命令，都必须统揽全局，都必须万无一失，都必须坚决果断。21时05分，吕诚华坚定地下达了"30分钟准备"的口令。高音喇叭里响起了"全体人员撤离现场"的命令。此刻的发射场，已是夜色深沉。随着工作人员的全部撤离，发射场上空无一人，发射场灯火通明，火箭在强烈灯光照射下静静地耸立在发射架上等待出发。此时，正如气象部门预报的一样，发射场上空的云裂开了一道长长的口子，并向着火箭即将飞行的东南方向渐渐延伸出去，裂口中星光闪烁。在北京，周恩来总理一直坐在电话机旁等待发射场的最新消息，当他得知应答机的故障已排除且发射场天气转好的报告后十分高兴，并向发射场全体工作人员发出了亲切的问候与指示："大家辛苦了！下一步关键是工作要准确、不要慌张、不要性急；要沉着，要谨慎，一定要把工作做好，争取一次成功！"总理的电话激励和鼓舞了每一位参试人员。

图 7-13：中国第一颗人造地球卫星东方红 1 号升起的发射架，2016 年拍摄。

图 7-14：地下指挥控制室二层的潜望镜，2017 年拍摄。

吕诚华心里十分清楚，如此庞大的工程，如此宏大的试验任务，不可能一帆风顺。果然，在他下达"15 分钟准备"口令后，突然，七机部的工程师提出火箭陀螺仪参数有偏差。陀螺仪如果有问题就不能保持火箭正确的飞行姿态，卫星发射将会失败。正当吕诚华考虑是否再次推迟发射时，一部发射团二中队技师胡世祥表现出色，他对火箭的线路非常清楚，胸有成竹地报告："问题不大，不影响发射。"吕诚华非常清楚胡世祥的技术水平，他是一部的技术尖子。吕诚华果断地继续下达了"10 分钟准备"口令。随后听到各个测量站报告："工作正常"，看到监控设备上的显示完全正确后，他坚定地下达了"5 分钟准备"口令。此时，空气好像凝固了，室内鸦雀无声，只有计时表的咔嗒声。卫星发射倒计时剩下最后 60 秒，他准确清晰地下达了一连串的口令：1 分钟准备、牵动、开拍。计时表指示到"0"时，他下达了"点火"口令，胡世祥按下了点火按钮。

21点35分，吕诚华从潜望镜里紧张地注视着火箭，只见载着东方红1号卫星的长征1号火箭喷射着烈焰缓缓上升，越升越高，越飞越快，渐渐地变成一个小光点消失在夜空中。静听着各光学测量站、遥感测量站、雷达测量站不断传来的信息，一级分离，二级点火，二级分离，三级点火，星箭分离，卫星入轨，154测量控制站和湖南新化测量站卫星轨道数据对接成功。此时，吕诚华才松了一口气，紧张的心情终于平静下来。

吕诚华指挥过很多次导弹和火箭的发射，这一次是准备时间最长，解决问题最多，最紧张的一次发射。东方红1号人造地球卫星试验成功，标志着我们国家进入了航天时代。

卫星运转正常后，吕诚华指派杨桓负责组织人员，配合宣传部门拍摄东方红1号卫星发射的影片。自己赶去154测量控制站检查卫星入轨的后续工作。

卫星试验成功了，20训练基地派5名代表到北京天安门见毛主席，当时基地领导有两个名额，试验部领导只有一个名额，吕诚华与第六试验部王盛元部长两人选一个，吕诚华力推王盛元为代表，为第一试验部争取基层干部、战士名额，一部派王占华和战士鲍厚国为代表。1970年5月1日晚上，毛主席在天安门城楼上接见了参加东方红1号卫星研制、生产、试验单位的代表。

吕诚华在戈壁滩从零开始，参加了中国的第一个导弹综合试验靶场勘察选址工作、第一发地地导弹发射、第一枚国产地地导弹试验、第一次导弹原子弹结合试验和第一颗人造地球卫星试验。我国"两弹一星"的工作都参加了。他用实际行动实践了中国共产党人为人民幸福和国家富强奋斗的理想，用自己的全部心血和汗水完成了党和人民交给的无上光荣的任务，也完成了自己阶段性的历史使命。

第七章　临危不惧　*113*

1998年，为了纪念我国第一颗人造地球卫星发射成功的经历，吕诚华写了《让东方红的乐曲响彻太空》的纪念文章（被收入《天骄——我与中国酒泉卫星发射中心》一书）。

让东方红的乐曲响彻太空

我国第一颗人造地球卫星是用东风4号导弹再加一级固体发动机的长征1号火箭送上天的，重量比美国和苏联的第一颗人造地球卫星都要重。

我们第一试验部承担卫星的发射、初始段观测和安全保障任务。154测控站还承担卫星上天后的测控代理中心的任务，以确保能及时准确地向全世界报道东方红1号卫星的轨道数据。为了适应卫星的发射，发射阵地要扩建，154工程要新建，人员要培训，卫星的操作，我们还是首次，任务艰巨，难度大，压力也大。

在周总理的直接领导下，在国防科委、基地党委的领导和机关的帮助下，我们第一试验部全力以赴认真落实周总理"严肃认真，周到细致，稳妥可靠，万无一失"的指示，部党委要求参试的每个同志都要做到"万无一失"，各团、站都广泛开展了预想、预防活动，精心组织，精心指挥，精心操作，严格按技术规程办事。技术工作、后勤保障、政治工作都心往一处想，劲往一处使，日以继夜，不辞辛劳，为的是让东方红的乐曲响彻太空。

发射东方红1号卫星是一个庞大的系统工程。科研、生产、试验单位要成千上万人联合攻关。各工业部门，全军各大单位和人民群众都动员起来支援这项工作。这在当时是很不容易的，临射前单脉冲雷达的速调管要更换，14院12所加班加点赶制，飞机在机场等候，运到基地时管子还热乎乎的。为了保障通信畅通和数据传输，每根电线杆旁都有民兵站岗。

1970年4月23日晚，我们飞抵北京向周总理汇报卫星临射前的准备工作，火箭和卫星的情况由七机部的同志汇报。基地要我向总理汇报卫星发射前的准备工作和发射后安全系统的保障工作。总理对每个问题都要追根问底，汇报的时间很长，还吃了夜宵。总理批准加注，我们乘夜航飞回基地。24日，发射进入倒计时，我下达了点火口令，胡世祥同志按下了点火按钮。多少个日日夜夜都熬了过来，可这关键时刻真难熬啊！我从潜望镜一面注视着火箭升空，一面又静听各光、遥、雷达测量不断传来的信息，一二级分离，三级点火，星箭分离。卫星入轨，154测控站和湖南新化站的信号接轨，这时我才松了一口气。

为了庆祝东方红1号卫星发射成功，一部政治部组织基地火线文工团解散后调到一部工作的同志和各团、站的文艺爱好者，准备了一台丰富多彩的文艺节目，奉献给全体参试人员和基地领导机关的同志们。

1970年5月1日晚上，毛主席在天安门城楼上接见了参加东方红1号卫星研制、生产、试验单位的代表。王占华、鲍厚国同志代表一部参加了接见。

毛主席对外国人说："天上有两千多颗卫星，我们才有两千分之一嘛！就是有两千颗也不能骄傲，否则会走向反面，这是一个教训。"大家都深受鼓舞，及时组织各单位认真学习毛主席的指示。

东方红1号卫星的成功发射标志着我国的航天事业进入了一个新的阶段。

图 7-15：1970 年，20 训练基地第五试验部（太原卫星发射中心）司令部旧址，2014 年拍摄。

多少事，从来急。一万年太久，只争朝夕。

20 世纪 50 年代中苏两国友好，20 训练基地安全有保障。60 年代中苏两国关系变坏，20 训练基地的安全受到威胁，迫切需要在内地建设新的导弹试验基地。1966 年 10 月，20 训练基地开始在全国勘察新的地地导弹试验基地。

1967 年 3 月，20 训练基地组建第一工区，在山西省岢岚县建设新的导弹试验基地。1968 年底，第一工区扩编为第五试验部。1969 年 3 月，中苏两国在中国黑龙江省乌苏里江主航道中心线中国一侧的珍宝岛爆发武装冲突，两国关系迅速恶化。建设新导弹试验基地变得更加紧迫，为加快新导弹基地的建设，需要加强第五试验部的领导班子。

吕诚华完成东方红 1 号卫星的试验任务后，无条件接受负责建设新导弹试验基地（太原卫星发射中心）的任务。卫星试验总结一结束，他便踏上了新的征程。

图7-16：太原卫星发射中心，2014年拍摄。

吕诚华是20训练基地第五试验部第一任部长，也是唯一的一任部长。1976年1月1日，国防科委撤销了20训练基地，以20训练基地下属各个试验部为基础，组建了数个试验训练基地。第五试验部新编成中国人民解放军第25试验训练基地。

新导弹试验基地在山西最贫穷的地区，吃水都很困难。吕诚华刚去时，干部食堂连凳子都没有，要站着吃饭。一切几乎又从零开始，但他满怀信心迎接新的挑战。

图7-17：1971年，20训练基地第五试验部某工程指战员的合影。第一排中间为吕诚华。

第八章

往昔拾零

吕诚华在解放战争期间，曾在北平军调处工作。吕诚华在中央前委任机要秘书期间，曾在毛泽东主席和周恩来副主席身边工作。他本人很少提及这段历史，为了尽可能完整展示吕诚华的一生，只能通过他留下的照片和晚年写的三篇回忆文章加以了解。

终生难忘的一段经历

今年是毛主席110周年诞辰，回首往事，心情久久不能平静。

我是1942年从延安自然科学院调中央秘书处机要科工作的。那时主席和中央其他领导同志大都住在杨家岭，我们就住在毛主席窑洞上面山坡上的窑洞里，从此见到毛主席和其他领导同志的机会就多了，而且经常能聆听他们的报告和讲话。中央领导同志都很平易近人，和大家同甘共苦。

1944年岸英、岸青从苏联回到延安，中央行政处长邓洁要他俩在中灶用餐，可是毛主席不同意，要他俩在大灶和我们一块用餐，后来还把岸英送到陕甘宁边区劳动模范那里去劳动锻炼。

当时正值延安整风运动时期，这对我们是一次生动的教育。

1947年国民党军队大举进攻延安，中共中央分成了前委、工委和后委。前委由毛主席、周副主席、任弼时率领转战陕北。为了保密，毛主席化名"李德胜"，周副主席化名"胡必成"。中央工委由刘少奇和朱德总司令率领，先期到达晋察冀的阜平县。后委由叶剑英、杨尚昆率领，进驻晋绥根据地的临县三交镇。我们机要处就住在三交镇附近的孙家沟。1947年秋末冬初，我正在参加当地的土改工作，突然接到周副主席的电令，调我立即到前委做机要秘书工作，有机会能在主席身边工作，我很高兴。

我赶快启程西渡黄河，赶到陕西米脂县杨家沟报到，我的直接领导是叶子龙，支部书记是汪东兴。子龙带我去见毛主席。我们走进他办公的窑洞，主席正在伏案工作，离这么近站在他面前还是头一次，这和过去在杨家岭见到主席的情景大不一样，心情特别激动。看上去主席红光满面，身体健康。子龙把我介绍给主席，毛主席亲切地问了我的情况，我一一作了回答。为了不打扰他，我们很快就离开了。

子龙特别叮嘱我，在主席思考问题时千万不要打扰他，在后来的工作中，我很留意子龙要我注意的事。我常见主席聚精会神地看作战地图，常在窑洞内走来走去，或坐在那儿沉思，经常连饭都忘了吃，真让人着急。

那时正值解放战争的转折关头，形势发展很快，主席和周副主席几乎总是整夜工作。我们这些在他们身边工作的同志，都为他们的健康担忧，但当时物质条件差，也很少有娱乐活动。1948年2至3月间，由彭总率领的西北野战军一举歼灭了国民党的精锐部队刘戡所部3万余人，军长刘戡也被击毙。毛主席十分高兴，叫我和子龙到他窑洞里打麻将。这是我在他身边工作期间少有的一次娱乐活动。打过麻将，主席留我们一块进餐，饭菜十分简单，小米饭加上一个白菜火锅，可是能和主席一起吃饭，真是太幸运了。主席很关心地询问我的学习情况，当谈到看电报的问题时，主席语重心长地说："你们接触电报多，可电报尽是骨头没有肉，应该多读点书报。"我牢记主席的教诲，在后来的年月里，不管工作有多忙，读书看报还是坚持下来，果然受益匪浅。

1947年12月中共中央在陕北米脂县的杨家沟召开会议，毛主席做了《目前形势和我们的任务》的报告，这个报告是一个纲领性的文件。我看见毛主席亲自起草，反复修改，光是机要科的安龙驹就给他复写过九遍。由于安龙驹字写得很工整，主席十分满意，还特意奖给他两斤猪肉。两斤猪肉！现在看来微不足道，但在当时，特别又是毛主席亲自奖励的，实实在在是重奖了。

1948年延安解放后，由于形势发展太快了，前委放弃了再回延安的计划，转而赶赴晋察冀根据地了。

我们跟毛主席、周副主席东渡黄河，经晋绥根据地，到了晋察冀的阜平，和刘少奇、朱总司令会合，不久中共中央机关就进驻河北省平山县的西柏坡了。

我在毛主席身边工作的时间不长，但他老人家的音容笑貌，平易近人的风度，对身边工作人员的关怀，是非常感人的。主席工作严谨，深思熟虑，遇事镇定自若，特别是对家人严格要求，这些印象很深刻，令我深受教育，终生难忘。

◎本文原刊于李敏等主编：《真实的毛泽东——毛泽东身边工作人员的回忆》，中央文献出版社2003年版。

图 8-01：延安杨家岭，1938 年 11 月至 1947 年 3 月中共中央机关所在地，2016 年拍摄。

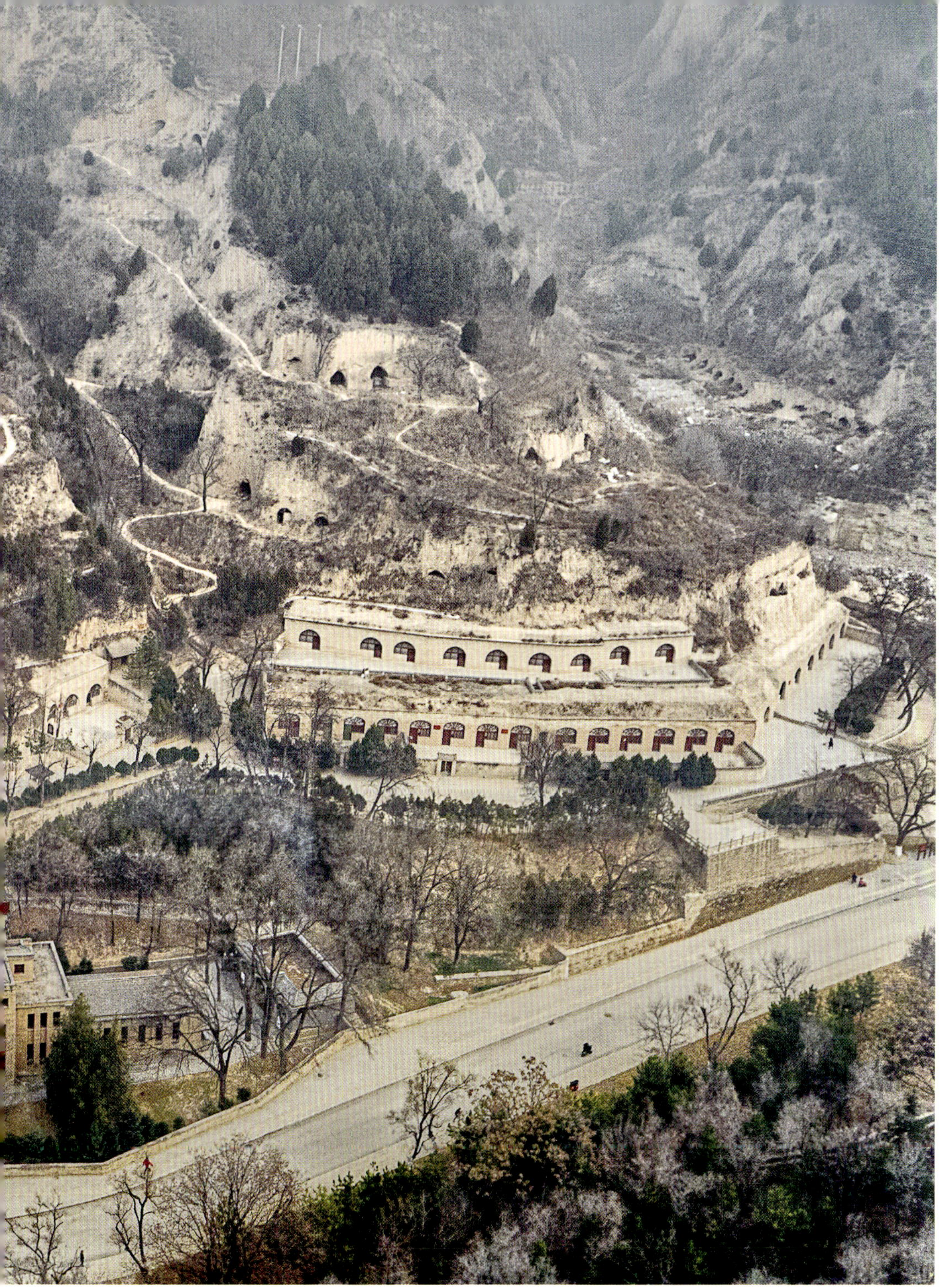

图 8-02：中央前委机关在陕西省米脂县杨家沟驻地，2017 年拍摄。

第八章 往昔拾零

陕北黄土高原山峦起伏、沟壑纵横，尽是羊肠小道，特别适合躲避和隐藏。即使国民党军队见到对面山上有共产党军队，待国民党军队追到那里，我们的部队已不见踪影。为了牵制国民党军队，1947年3月，毛泽东率领中央前委在陕北与25万国民党军队周旋，1947年11月4日辗转来到陕西省米脂县杨家沟。

图 8-03：杨家沟"扶凤寨"毛泽东一家人（夫人江青和女儿李讷）与周恩来居住和办公的窑洞，2016 年拍摄。

1948年3月21日中央前委从陕西省米脂县杨家沟出发，途经绥德县吉镇和佳县七里峪，23日中午到达吴堡县川口村黄河渡口，黄河岸边已准备好了五条木船，前委的数百人、马匹和物资，只能分批过黄河。

3月份正值黄河的凌汛期，风急浪大，木船在激流中颠簸，船工们全神贯注地在黄河上来回摆渡，将中央前委的人员和物资送过了黄河。毛主席坐骑老青马，渡河时一排浪打过来，船倾斜了，老青马受惊大声嘶鸣，警卫员紧紧拽着老青马不放手，船工高德旺看到船要翻了，大声喊："快放开！快放开！"马掉到河里，马有水性游了回去，船工和警卫员返回渡口，找回老青马。

图8-04：黄河左岸是陕西省吴堡县川口村黄河渡口，右岸是山西省临县碛口镇高家塔村黄河渡口，2018年拍摄。

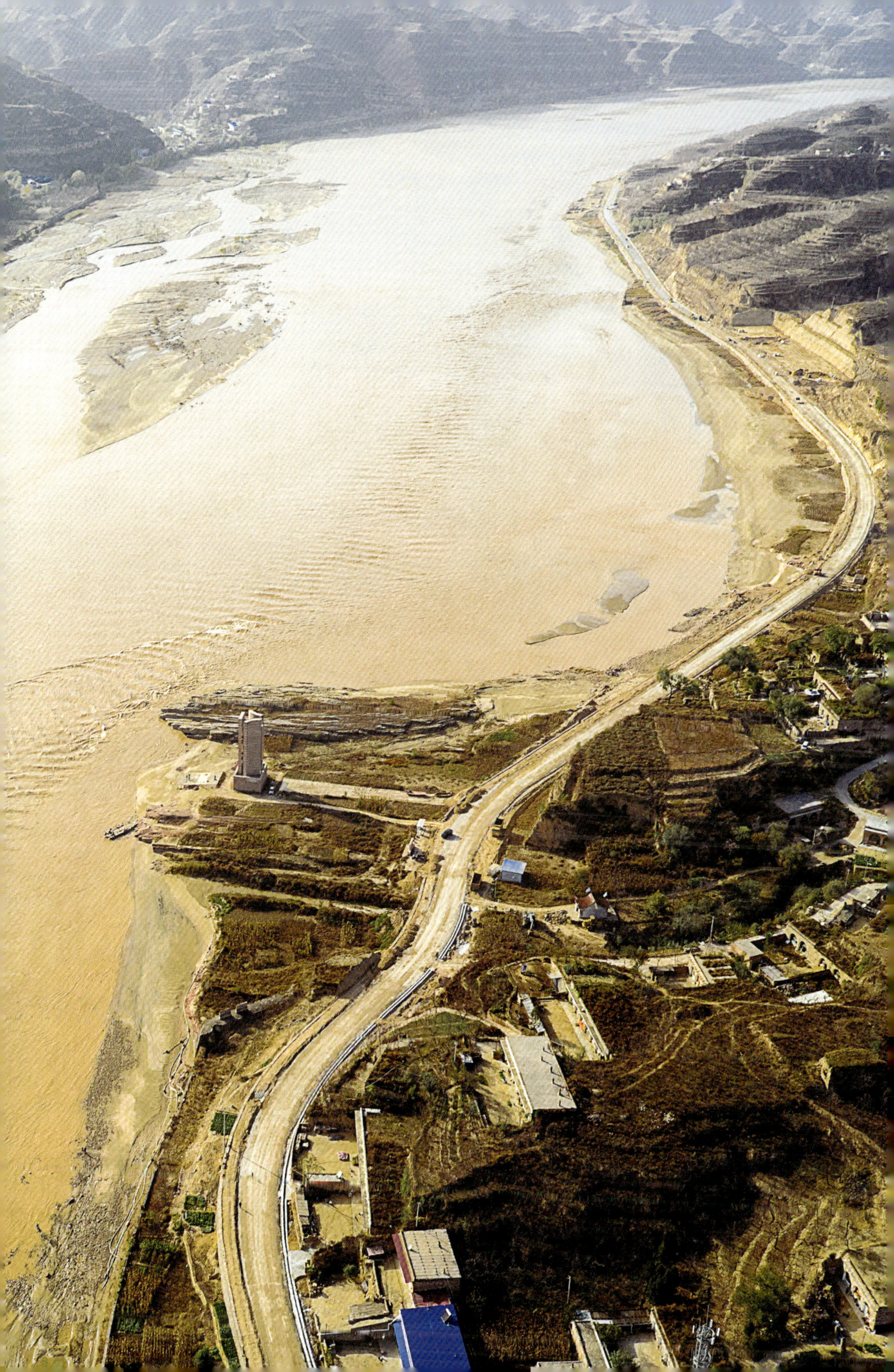

1948年3月23日下午，毛主席先行渡过黄河，在山西省临县碛口镇高家塔村黄河渡口登岸。因老青马掉到河里了，毛主席一行人步行十几里到碛口镇寨则山村。

图 8-05、8-06、8-07：毛泽东一家人、任弼时一家人（夫人陈琮英、儿子任远远）和周恩来在寨则山村住宿的院子（毛主席路居遗址），2016年拍摄。

毛泽东同志路居
Comrade Mao Zedong's Rode Habitat
1948.3.24-1948.3.26

1948年3月24日中午，前委离开寨则山，在毛主席提议下，大家徒步前行，一路欣赏湫水河风光，走了20多里的路程，天快黑时，一行人来到中央后委驻地山西省临县三交镇双塔村。

图 8-08、8-09：毛泽东、江青、李讷在双塔村住宿的院子（毛主席路居遗址），2018年拍摄。

1948年3月26日上午，中央前委一部分人乘车，一部分人骑马和步行，取道临县县城、白文镇和康宁镇，傍晚到达晋绥边区行政公署和晋绥军区司令部驻地山西省兴县蔡家崖。前委机关设在这里。毛主席在这里发表了《在晋绥干部会议上的讲话》和《对晋绥日报编辑人员的谈话》。

图 8-10、8-11：山西省兴县蔡家崖晋绥军区司令部，2017 年拍摄。

1940 年 1 月，晋绥边区抗日民主政权——晋西北行政公署（后改为晋绥边区行政公署）在山西省兴县蔡家崖成立。1940 年 11 月，成立了晋西北军区（后改为晋绥军区）。

第八章　往昔拾零　135

毛主席塑像介绍

毛主席塑像是太原卫星发射中心于2012年□月2日敬立，塑像高2.76米，其中"2"寓意毛主席奋斗在两个世纪之间，也寓意毛主席曾两次踏入这块热土；"76"寓意毛主席于1976年去世。台长为1.893米，高为1.2米，小平台高为0.26米，寓意毛主席出生于1893年12月26日。

1948年4月4日中央前委从兴县出发，来到岢岚县。毛泽东主席在这里写下了"岢岚是个好地方"。4月5日离开岢岚县，在五寨县短暂停留后，前往神池县。4月6日从神池县出发，经雁门关抵达代县。

图 8-12：太原卫星发射中心在山西省岢岚县毛主席路居地敬立的毛主席塑像。
图 8-13：毛主席塑像介绍。
图 8-14：中央前委机关在山西省岢岚县入住的院子（毛主席路居遗址），2014 年拍摄。

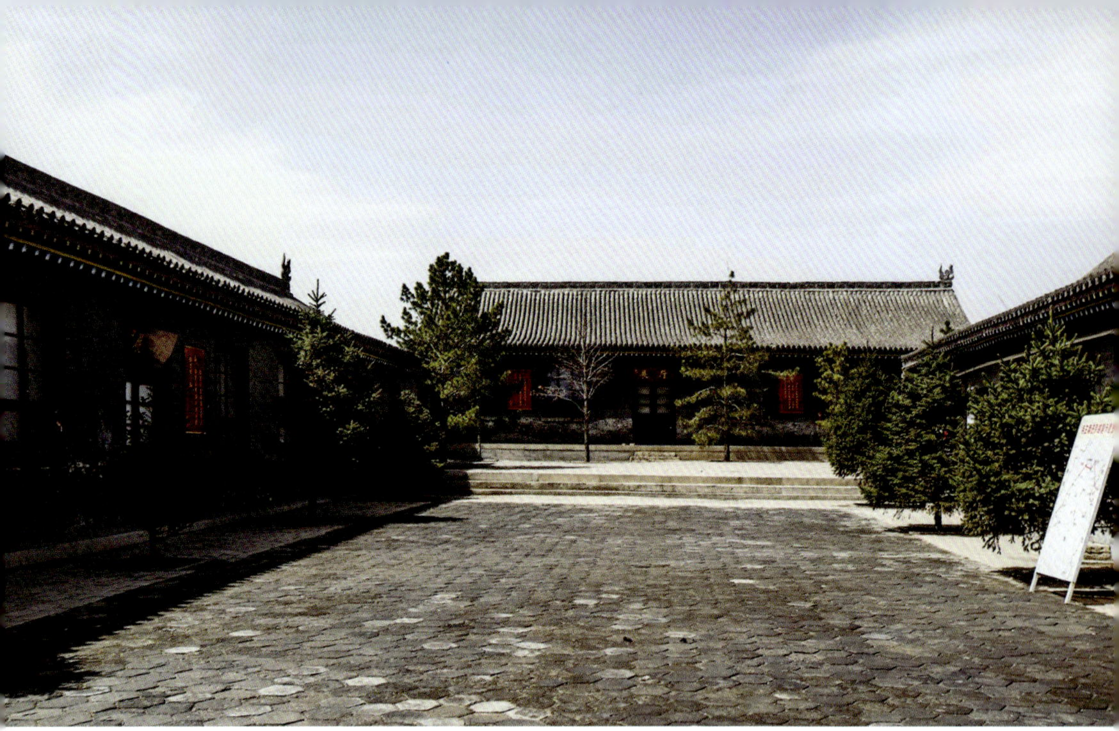

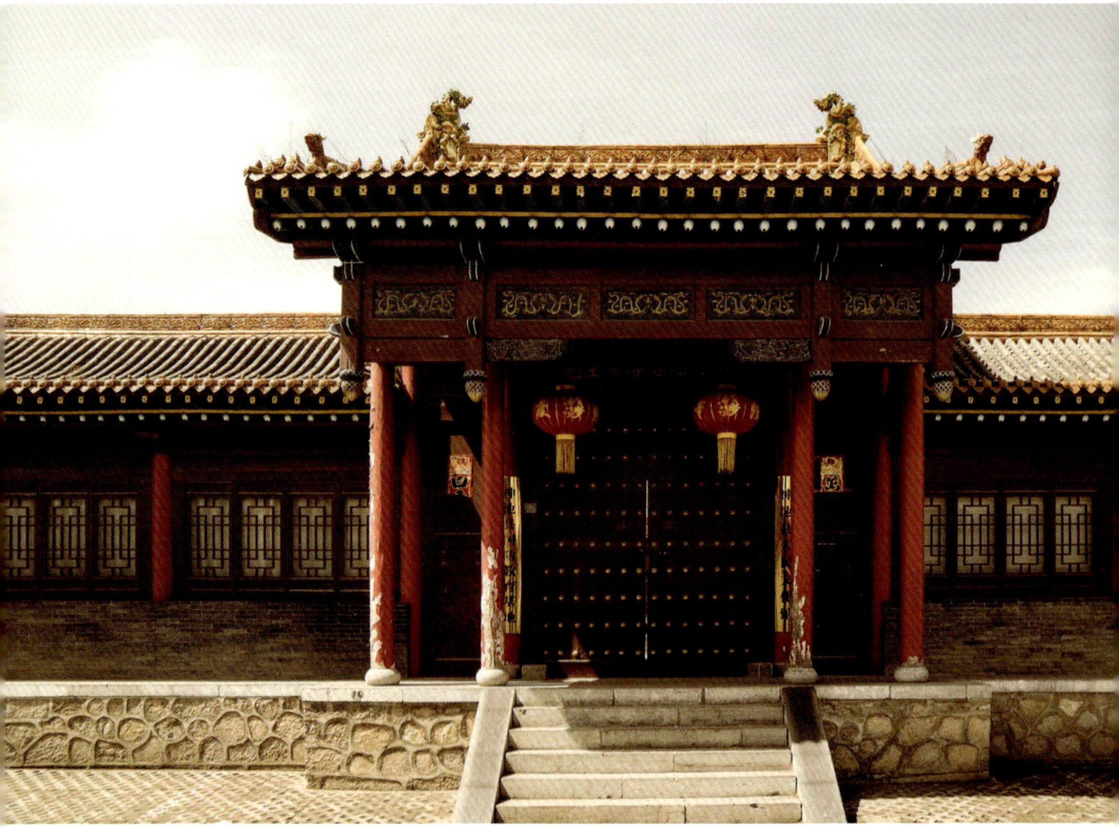

图 8-15、8-16、8-17：中央前委机关在山西省神池县入住的院子（毛主席路居遗址），此院是1913年瑞典牧师万尔恩兴建的耶稣教堂，2015年拍摄。

第八章 往昔拾零

图 8-18、8-19、8-20：毛泽东、周恩来和任弼时等人在山西省代县住宿的院子（毛主席路居遗址），2015 年拍摄。

第八章　往昔拾零　141

1948年4月7日，中央前委到达山西省繁峙县五台山山脚下的伯强村。因大雪封山，前委在这里多停留了一天。

图 8-21：毛主席、周恩来、任弼时等人在伯强村住宿的院落（毛主席路居遗址），2015 年拍摄。

第八章 往昔拾零 143

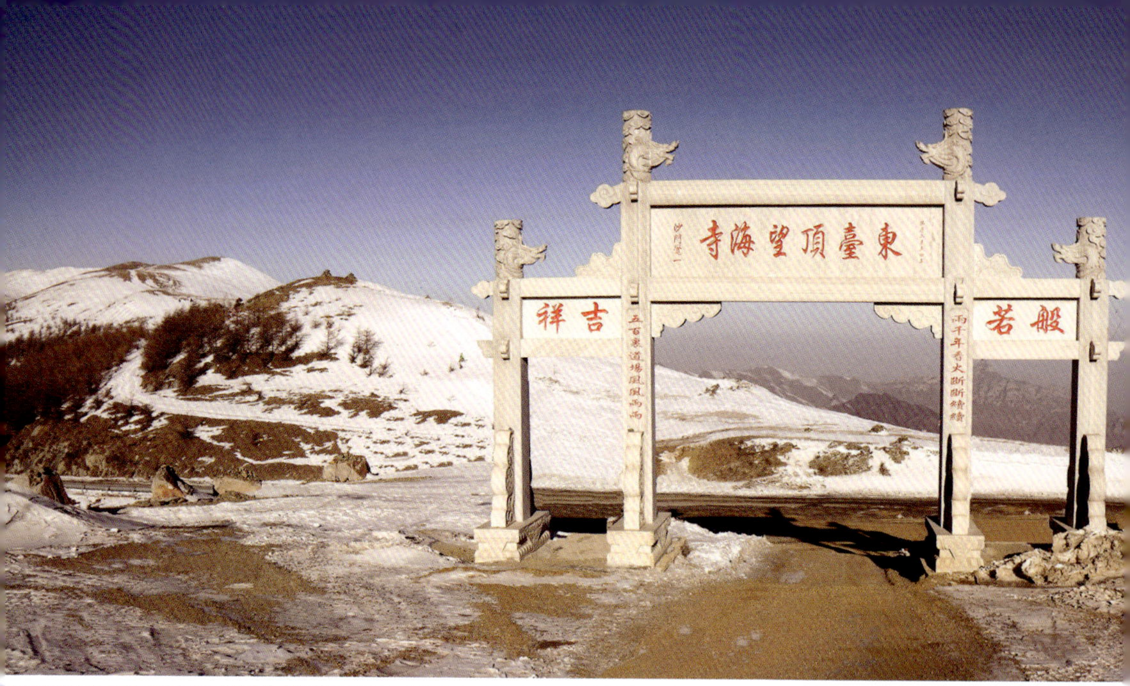
東臺頂望海寺
吉祥
般若
兩千年香火斷斷續續
五百里道場風風雨雨

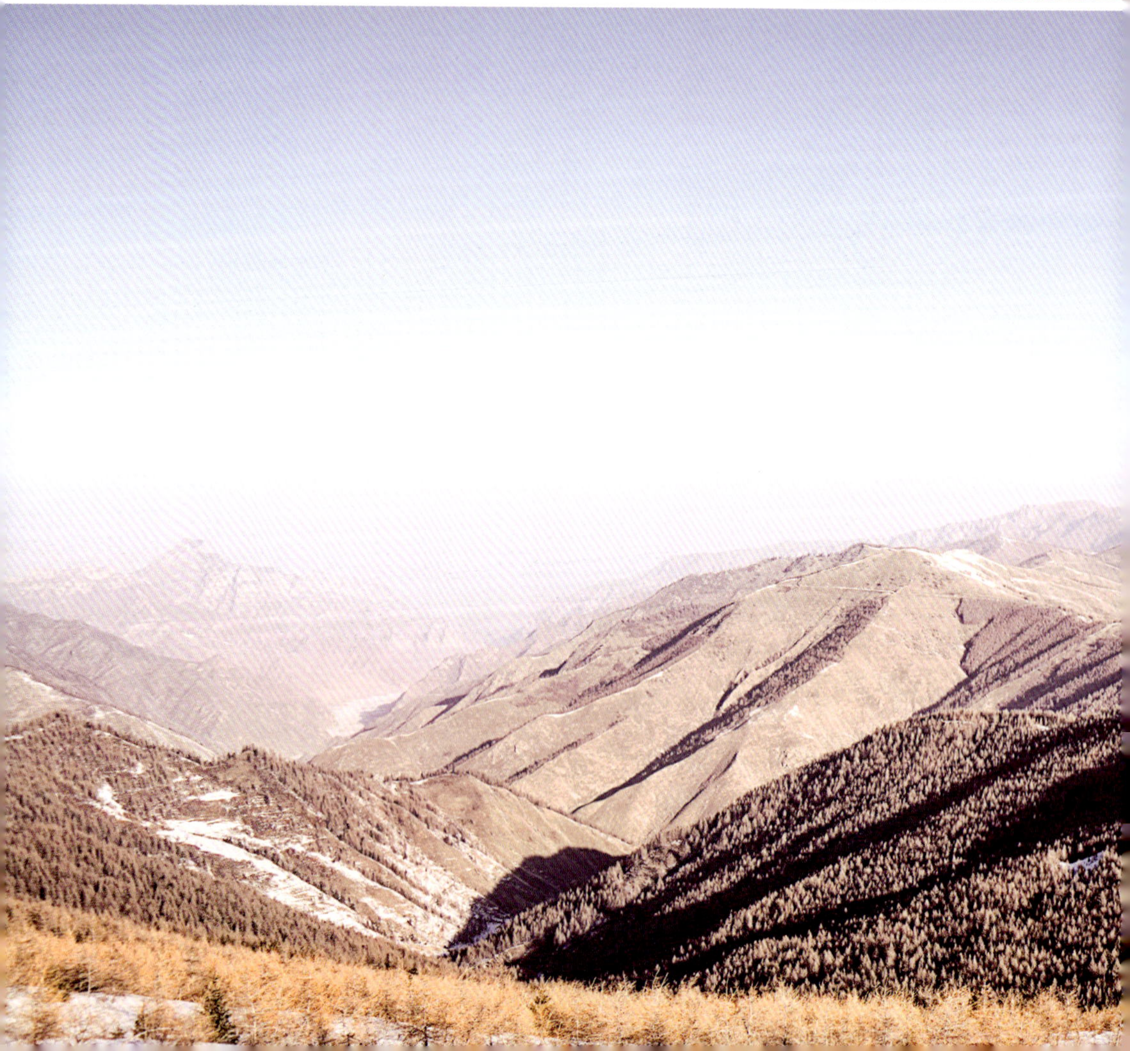

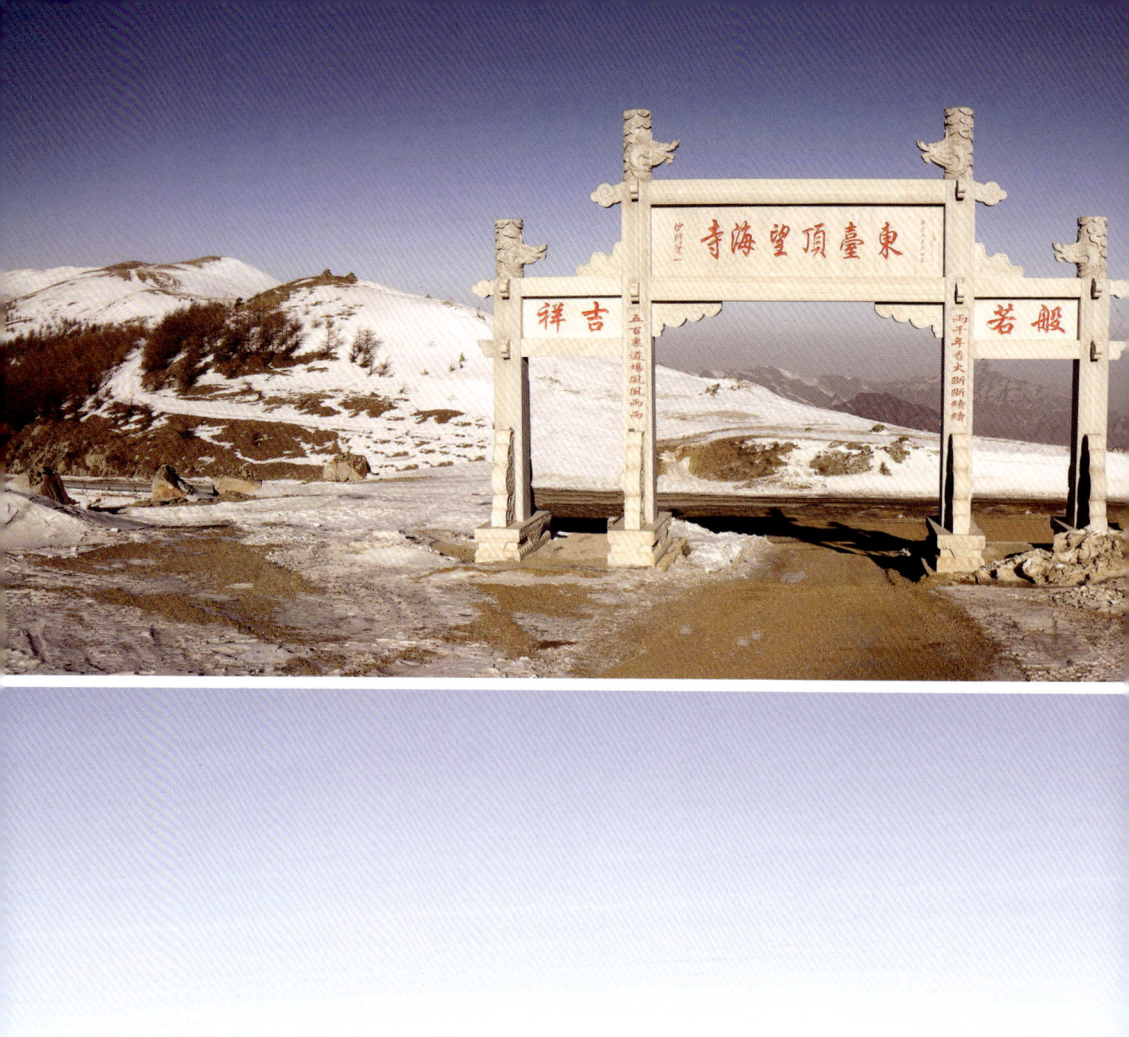

1948年4月9日，毛主席、江青、李讷、周副主席和警卫人员分别乘坐两辆中吉普车先行上了位于山西省五台县台怀镇的五台山。由于山高路滑，小吉普和卡车都上不了五台山，大家连夜徒步赶往五台山的塔院寺。马不能骑，任弼时拽着马尾，徒步翻越五台山。

图 8-22：五台山的最高点鸿门岩，海拔 2500 米。
图 8-23：五台山峰，2016 年拍摄。

2003年，吕诚华给叶子龙（1942年8月，叶子龙任中央书记处办公处机要科长）的女儿叶利亚写信，回忆了在延安时期和奔赴西柏坡路上的时光。

叶利亚同志：

　　寄上纪念毛主席诞辰的文稿请审阅。叶子龙同志是我的老领导，我和我老伴儿在延安就认识你们。回想在他的领导下度过了一段难忘的时光，我和他、胡乔木还有江青编在一个党小组，过组织生活时大家无话不谈，当时正在进行三查，小组开会较多，会上互相帮助都很融洽，也是相互了解的一个机会。

　　在从陕北到西柏坡的路上，他经常派我打前站，过五台山时大雪封山步履艰难。到了台怀镇，毛主席、周副主席和任弼时同志都住在塔院寺，我和子龙同志住在主席的隔壁。非常感激他对我的关怀和教育。永远怀念他！

　　请代问你妈妈好！

吕诚华
2003 年 6 月 20 日

▶图 8-25：毛泽东、周恩来、任弼时、陆定一等人在塔院寺住宿的院落，叶子龙和吕诚华住在正房右边的耳房里，2016 年拍摄。

图 8-24：五台山塔院寺，2016 年拍摄。

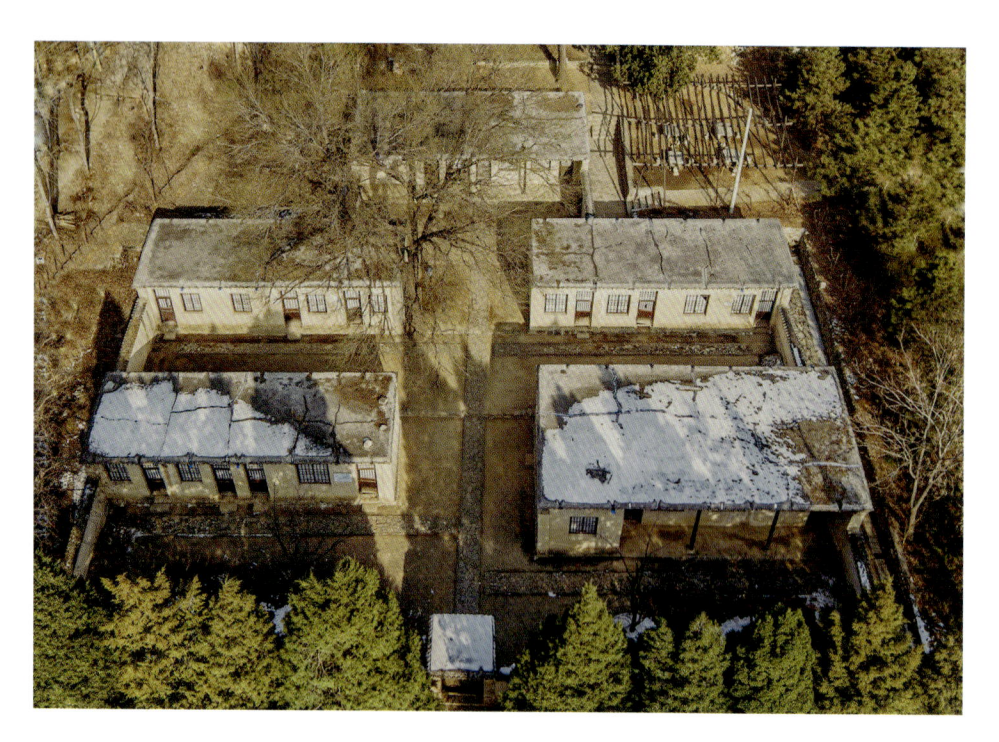

1948年4月11日，中央前委来到河北省阜平县城南庄晋察冀军区司令部，中央前委机关设在这里。

图 8-26、8-27、8-28、8-29：晋察冀军区司令部旧址，2016 年拍摄。

图 8-30：西柏坡中共中央机关旧址，2016 年拍摄。

图 8-31：中央前委从陕西省米脂县杨家沟经山西省到达河北省平山县西柏坡的行军路线。

1948年5月27日，中央前委到达河北省平山县西柏坡。西柏坡是刘少奇、朱德和董必武领导的中央工作委员的驻地。中央前方委员会、后方委员会和工作委员会都迁到西柏坡后，中央机关恢复。

1949年3月5日至13日，中国共产党在西柏坡召开了党的七届二中全会，任弼时在大会上做的报告是吕诚华给他誊写的。

图 8-32、8-33：中国共产党七届二中全会旧址，2016年拍摄。

第八章　往昔拾零　151

深切怀念敬爱的周恩来总理

今年3月5日是我们敬爱的周恩来总理百年诞辰，回首往事，心情久久不能平静。

1947年国民党胡宗南部进攻延安，以毛泽东主席、周恩来副主席、任弼时、陆定一等同志组成的中央前委转战陕北。以刘少奇、朱德总司令为首的中央工委转移到晋察冀。以叶剑英、杨尚昆同志为首的中央后委转移到晋绥临县的三交镇。中央机要处随中央后委从延安杨家岭转移到三交镇的孙家沟村。当时我在中央机要处工作，老伴儿徐茵带着儿子（加令）和战友赵雪明的女儿（玲玲）跟中央工委转移到晋察冀的河北平山。

军委三局和中央机要处进驻的孙家沟村，是孙氏地主聚居的一个村庄，农民和地主的矛盾非常尖锐，当时晋绥地区正按中央的部署，开展大规模的土改运动。由军委三局和中央机要处抽调人员组成了孙家沟土地改革工作团，团长是军委三局周皖北主任，我是副团长。

1947年10月按周副主席的电报，调我到中央前委任机要秘书。我到达前委后，叶子龙同志把我分别介绍给毛主席、周副主席和任弼时等同志。

当我到周副主席住处报到时，他除了询问我个人的情况外，特别关心土地改革的问题，对我们土改工作团的工作情况问得非常详细，谈话的时间很长，以至那天的中午和晚上他都留我和他一起用餐。

我向他汇报了晋绥土改工作的部署，三交镇地区土改工作团和孙家沟土改工作团的组成，当地贫下中农和地主的情况，他都亲自做了详细的笔录。当时中央正准备召开会议讨论土改问题，他把他的笔录交给我，要我再做补充，写份材料给他。后来我按周副主席的指示把我写的书面材料交给他。这份珍贵的笔录我就保留了下来，我非常珍惜，从解放战争到抗美援朝，回国后调国防科委20基地工作我都带着它。本打算在总理百年诞辰时上交，但考虑到邓大姐年事已高，1984年我把这份手稿送给了邓大姐。我留下周副主席笔录的复印件以作纪念，另两份复印件分别送给了原中央办公厅副主任曾三同志和中央档案馆。

回想在总理身边工作过的日子，虽已过了半个世纪，但好像是在昨天发生的事，周副主席对我们要求是严格的，经常对我们进行革命教育。记得有一次我送电报给他，他要我坐下，给我讲起朱总司令从云南军阀朱培德的部下走上革命道路的故事。

1948年3月我跟随毛主席、周副主席等从陕北东渡黄河经晋绥到晋察冀的途中，到达山西繁峙县五台山下的一个村庄后，由于大雪封山过不去了，大家都去清理积雪，周副主席也和我们一起铲雪，回来后不少同志都有雪盲现象，我的眼睛还流了脓。阻塞道路的积雪被清理开后，毛主席、周副主席分别乘坐两辆中吉普车先上了五台山，住地所有的人都需要连夜徒步赶往塔院寺。第二天清晨我们赶到塔院寺时，周副主席已在那里等我们了，他见到我时亲切地和我握手，鼓励我。

周副主席作风严谨，办公桌上的东西摆放得井井有条。记得有一次，有人把他的文件上下改动了位置，他问那位同志："你动了我的文件没有？"那位同志说："没有。"他严肃批评那位同志不老实。

当年能在他身边工作是我非常难得的机遇，使我受益一生。他对工作高度负责的精神，日以继夜的辛劳，严谨的工作风范，对同志热忱的关心和爱护都深刻地印在我的脑海里并一直激励我在工作中尽心尽力，不敢有丝毫怠慢。

我在20基地工作时和他见过两次面。第一次是1964年总理出访回国途中，我在基地十四号机场迎接他。第二次是1970年4月23日晚在人民大会堂，我国第一颗人造地球卫星"东方红1号"临发射前，我向他汇报了卫星发射前的准备工作和发射后安全系统的保障工作。由七机部一院、四院和五院向他汇报运载火箭和卫星的情况。1970年4月24日我们成功发射了我国第一颗人造地球卫星。

在敬爱的周总理百年诞辰纪念时，回忆往事备感亲切，我把他写下来，不准备发表，谨以这种方式来纪念这位伟人，并教育我的后代。

吕诚华

1998年3月5日于北京北极寺总参干休所

图 8-34：左边大院是"扶风寨"，右边小院是前委直属队司令部，2017 年拍摄。

  1947 年 3 月 28 日中共中央决定毛泽东、周恩来和任弼时组成中共中央前方委员会，留在陕北主持中央工作。跟随前委的数百人分成作战、通信、技术侦察和新闻宣传四个大队，成立了直属队司令部（先后称：三支队、九支队、昆仑支队），任弼时任司令员，陆定一任政委，叶子龙任参谋长。周恩来说："我们是世界上最小的司令部，指挥了规模最大的战争。"

1947年11月4日中央前委到达陕西省米脂县杨家沟，这是一个很大的村庄，山沟两侧的山坡上坐落着层层叠叠连绵不断的窑洞，前委大部分人都住在这里。毛泽东、周恩来住在"扶风寨"，院内有一排具有西方建筑风格的窑洞。前委直属队司令部在"扶风寨"旁边的院子里，汪东兴、叶子龙等在这里居住和工作。

　　中央前委设有一个四五人的秘书组和一个20多人的机要科，机要科负责电报收发翻译，秘书组负责日常秘书工作和为毛主席、周副主席传送电报。

图 8-35："扶风寨"周恩来旧居。

图 8-36："扶风寨"周恩来办公室。

图 8-37：杨家沟前委直属队司令部，2016 年拍摄。

第八章　往昔拾零　157

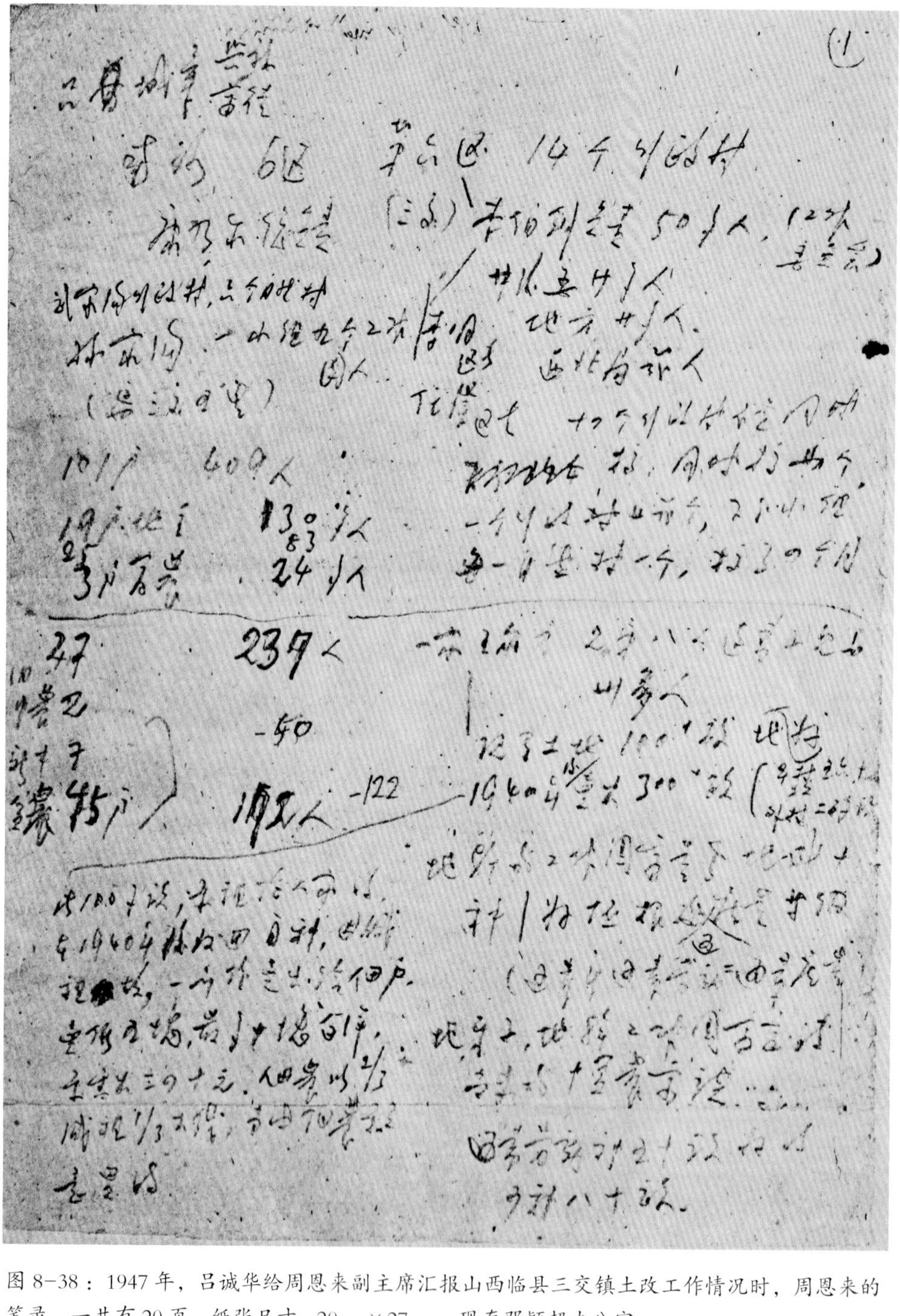

图8-38：1947年，吕诚华给周恩来副主席汇报山西临县三交镇土改工作情况时，周恩来的笔录。一共有20页，纸张尺寸：20cm×27cm，现存邓颖超办公室。

吕诚华	兴县 商徒			
临县	6区	第六区	14个行政村	
	康乃尔总负责	（三交）	李伯钊负责50多人	（工作 委员会）

武家沟行政村，六个自然村　　　　　　中机机要廿多人

孙家沟，一小组九个工作　　李明　　　地方廿多人
　　　　　　　团人　　　区长　　　西北局几人
（离三交五里）　　　　　　任译
　　　　　　　　　　　　　区长　　　十四个行政村不是同时
101户　　　409人　　　　　　　　　　搞： 同时搞两个

19户地主　　130个人　　　　　　　　一个行政村廿几个，下分小组
25　　　　　83
3户富农　　　24个人　　　　　　　　每一自然村一个，搞了四个月

47　　　　　237人　　　　　　　　　一家 王尔方 兄弟八人连妻子儿女
中农2　　　 -50　　　　　　　　　　　　　卅多人
新中7　　　　　　　　　　　　　　　现有土地100多亩好地
贫农45　　　172人 -122　　　　　　　　　　　　　　　　　本村五六十亩
　　　　　　　　　　　　　　　　　1940年后卖出300多亩
　　　　　　　　　　　　　　　　　　　　　　　　　　　　外村二百多亩

此100多亩，原租给人家的　　　　　地干与工作团商量分地一成

在1940年后收回自种，因减　　　　　种/好坏根□通产量等级

租后，一部份卖给佃户，　　　　　　（通常年通常劳动 = 通常产量）

卖低五块，最多十块白洋，　　　　地牙子，地干工作团商量后

□卖出三四十元，佃农以2/3　　　　尚未与中贫农商谈

减租1/3不□，当时佃农□　　　　　通常劳动种五十亩 好的

意头的　　　　　　　　　　　　　　可种八十亩

第八章　往昔拾零　159

图 8-39：山西省临县三交镇双塔村街道，2018 年拍摄。

  山西省临县地处晋西北高原，山峦起伏、沟壑纵横，百里湫水河纵惯全境。这里是中国共产党 1940 年建立的革命根据地，群众都拥护共产党。1947 年 3 月国民党大举进攻延安时，叶剑英和杨尚昆领导的中共中央后方委员会从延安转移到山西省临县三交镇地区。三交镇是临县至离石、三交至碛口、三交至曲峪公路的交会处，交通发达，信息畅通。延安中央机关大部分工作人员和家属 5000 多人，分散住在三交镇的各个村落，中央后委的主要任务是统筹中央后方工作，保障中央在前方的需要。具体工作是：开设电台、保证通信联络、传送情报、统筹支前、组织军需生产、人员中转、物资筹运、公文传递、外事和统战等。

延安的大功率电台都转移到三交镇的孙家沟村、武家沟村和刘王村，1947年5月在这里建立了中央大台和晋绥中转台，负责搜集情报和收转中央与全国各地往来的电报。在陕北，毛泽东、周恩来和任弼时领导的中共中央前方委员会，只用小功率电台与部分地区直接联系，让敌人误认为毛主席在山西，所以敌机经常轰炸三交镇地区。

山西省临县三交镇双塔村，是三交镇第二大行政村，该村坐落在湫水河边，背山面水，山道盘旋达山巅，易守难攻。村外枣树成林，浓荫蔽日。村中重墙夹巷、街区纵横、四通八达，特殊的地理位置，使这里成为中央后委机关驻地。

图 8-40：山西省临县三交镇双塔村的重墙夹巷，2016 年拍摄。

山西省临县三交镇孙家沟村四面环山，树木成林，一条小溪将该村分为南北两部分，村南是军委三局的驻地，村北是中央机要处驻地。

图 8-41：山西省临县三交镇孙家沟村，2017 年拍摄。

第八章 往昔拾零　163

军委三局的大功率电台设在村南王氏家族大宅里,电台的天线就隐蔽在村南的南山上。

图 8-42：山西省临县三交镇孙家沟村王家大院和村南的南山，2017 年拍摄。

第八章　往昔拾零

机要处的人员住在村北孙氏家族的两个院子里。为了保密,机要处对外宣称是文艺宣传队,除工作外他们还给当地老百姓演《白毛女》《兄妹开荒》等革命戏剧,深受当地人民喜爱。

图 8-43：山西省临县三交镇孙家沟村孙家大院的外院和两个内院（图中左上部），2017年拍摄。

图 8-44：孙家大院外院大门，2017 年拍摄。

图 8-45：孙家大院外院内的磨坊，2017 年拍摄。

图 8-46：孙家大院正院大门，2017 年拍摄。

图 8-47：孙家大院正院南房，2017 年拍摄。

图 8-48：孙家大院正院东厢房，2017 年拍摄。

图 8-49：孙家大院正院门房，2017 年拍摄。

图 8-50：孙家大院正院西厢房，2017 年拍摄。

图 8-51：孙家大院正院南房檐廊，2017 年拍摄。

图 8-52：孙家大院正院外墙上的拴马石，2017 年拍摄。

图 8-53：孙家大院偏院大门，2017 年拍摄。

图 8-54：孙家大院偏院门廊，2017 年拍摄。

山西省临县土改的总负责人是康乃尔，三交镇土改的工作委员会有 50 多人，机要处有 20 多人，地方有 20 多人，西北局有几个人，李伯钊（杨尚昆的夫人）是负责人。机要处和军委三局共同组成了孙家沟的土改工作团，团长是军委三局的周晥北，吕诚华是土改工作团副团长。三交镇有 14 个行政村，每个行政村下辖几个自然村，工作团是分期分批对 14 个行政村开展土改工作。

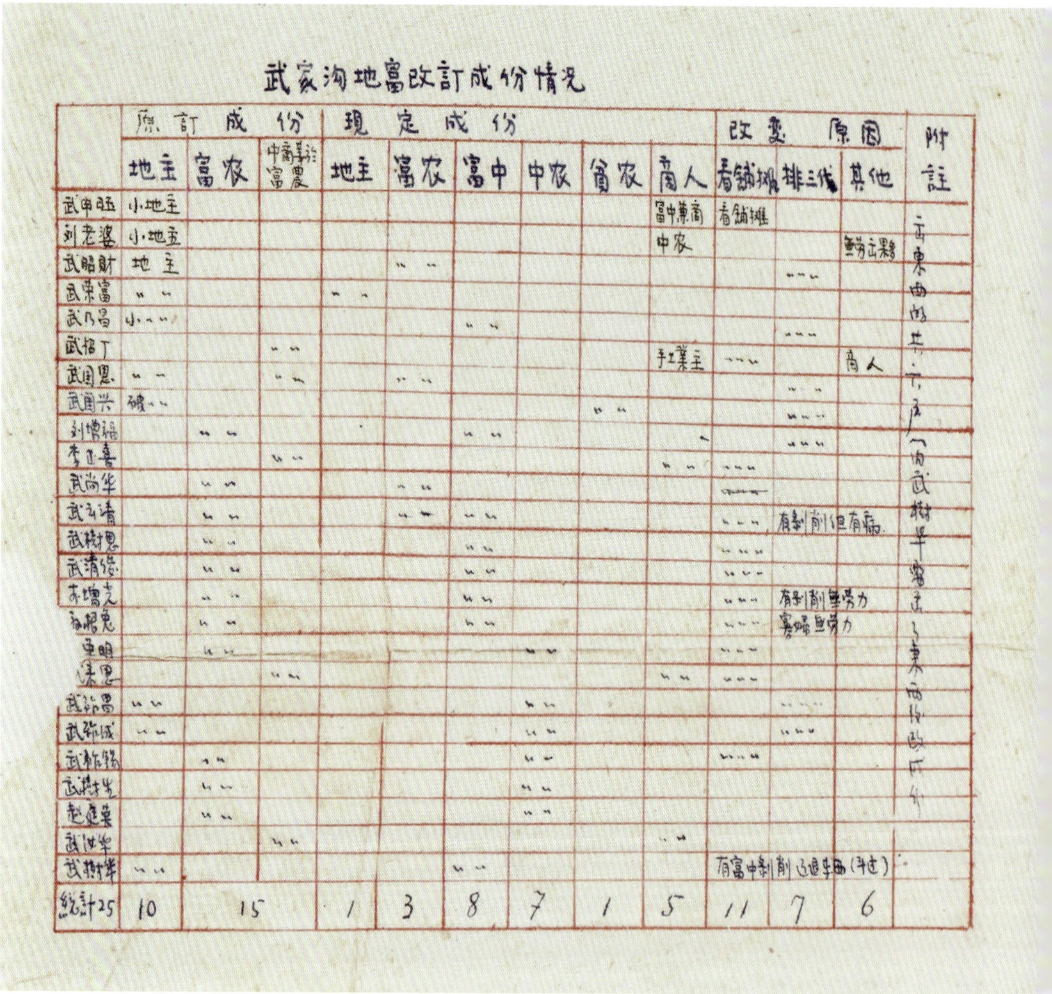

图8-55：1947年土改时，吕诚华做的武家沟村统计图表，图表尺寸：20cm×19cm。

老乡：

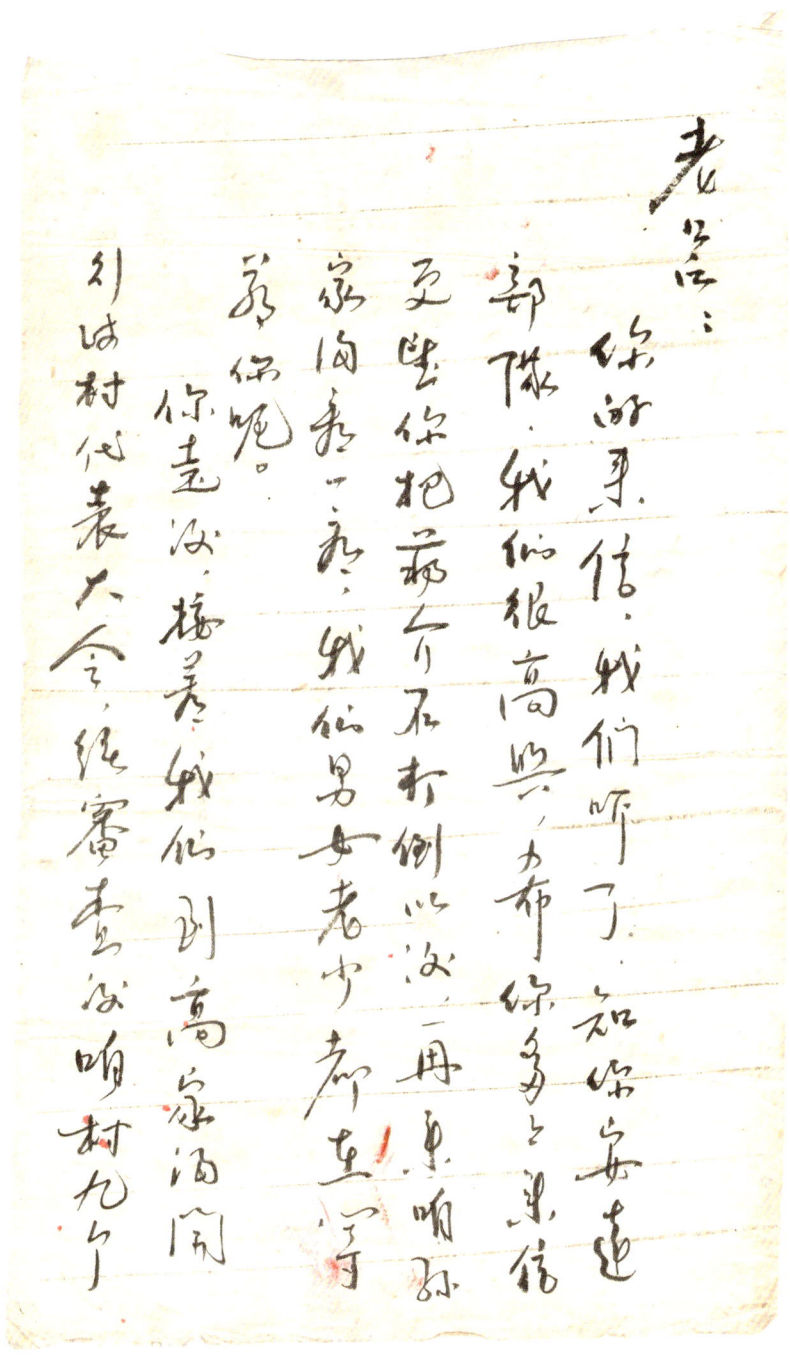

你的来信，我们听了，知你安运部队，我们很高兴，希你多多来信。至于你把病丢下不束倒以没，再束咱孙家沟看一看，我们男女老少都在等着你呢。

你走没，梅美我们到高家洞开了代村表大会，继审查没咱村九个引妹。

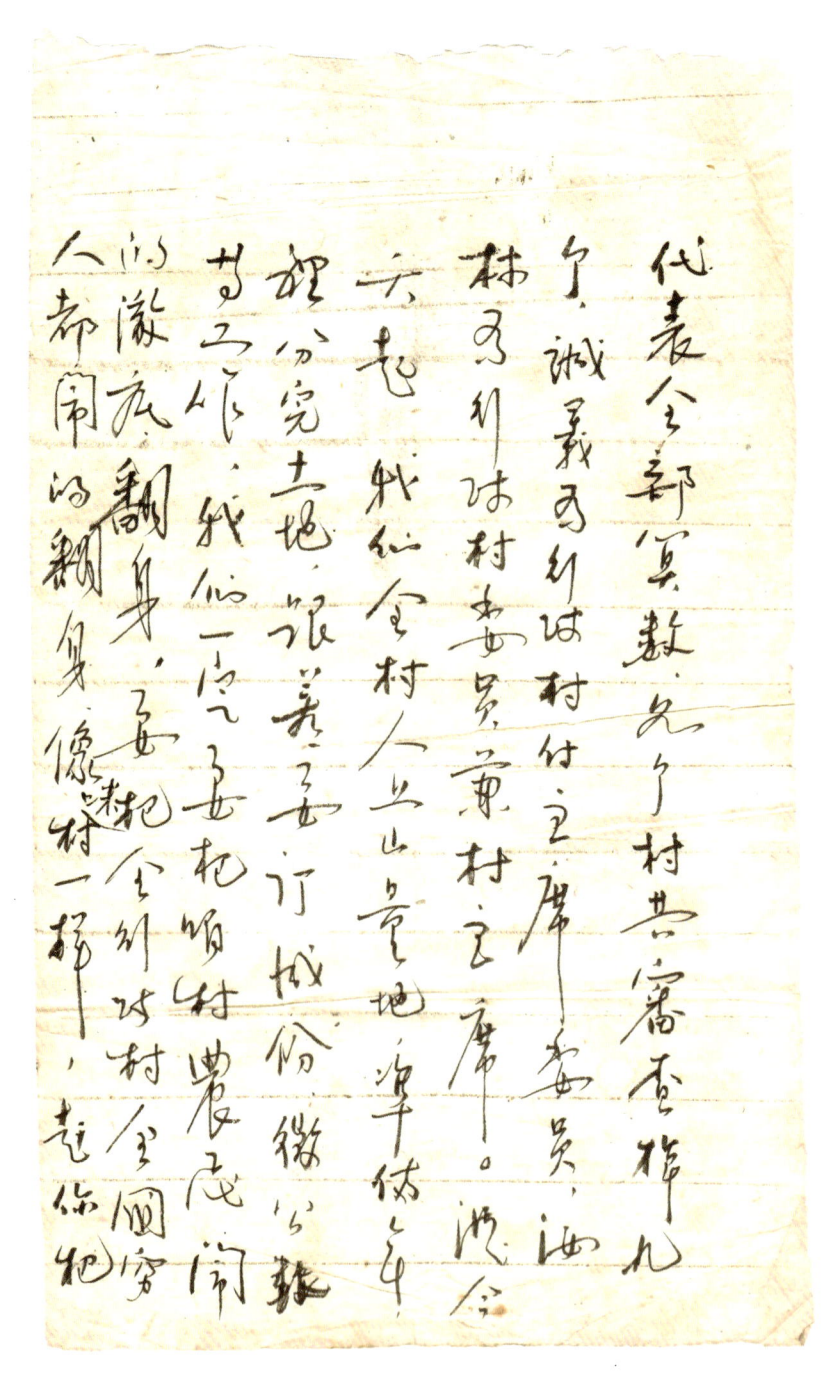

代表全部算数，九个村共审查槍九个，诚义哥到这村付主席，审查员，林哥到时村委员兼村主席，沈全，六、老我们全村人上山查地，事体平，根分完土地，跟义哥到城份徵公粮工作，我们一定要把咱村农庶闹的澈底翻身，要把全村时村金困穷人都闹的翻身，像咱们一样，走你把

图 8-57：1947 年孙家沟村民写给吕诚华的信，信纸尺寸：14.5cm×24cm。此信件现存山西省临县县志办公室。

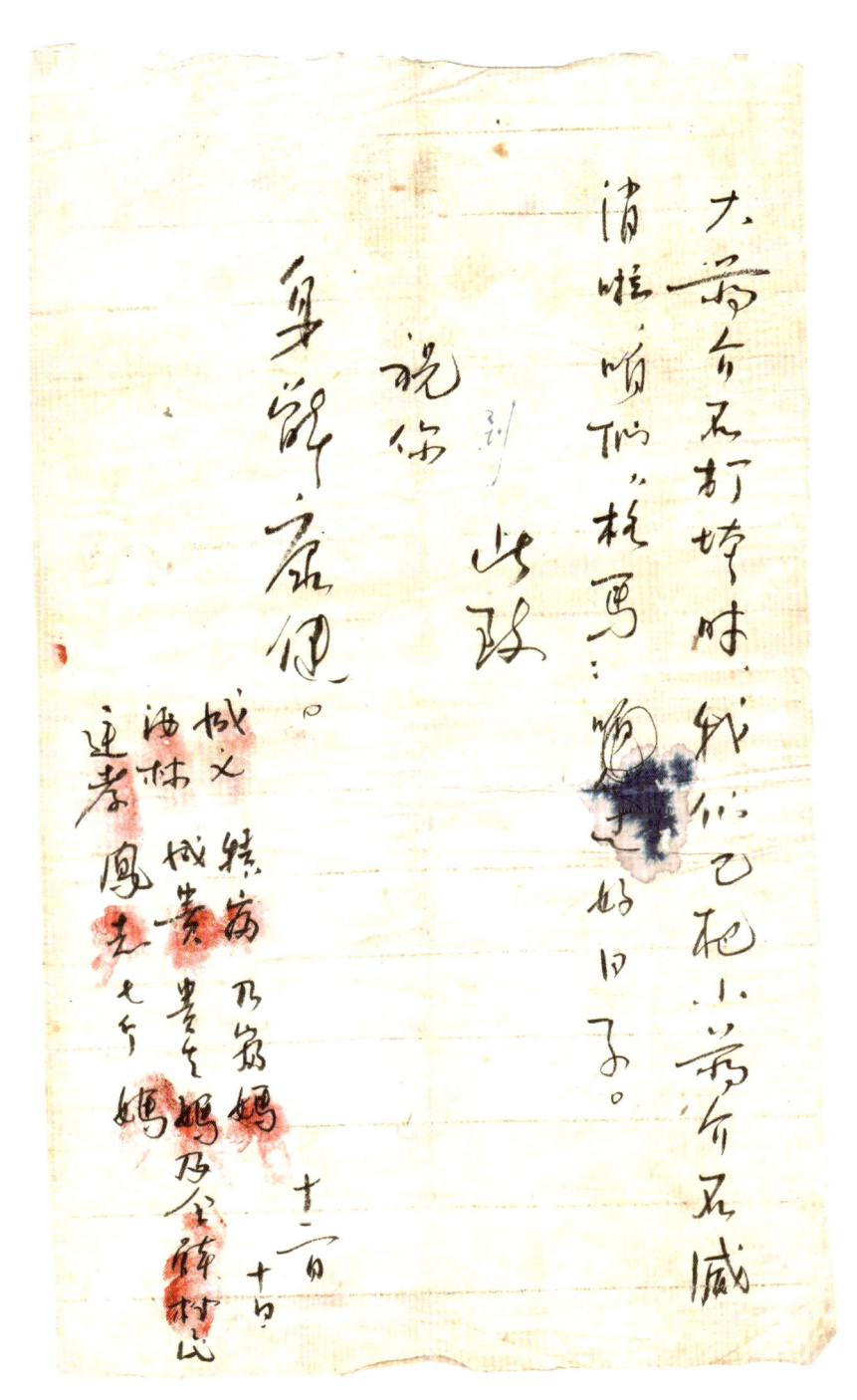

图8-58：1947年孙家沟村民写给吕诚华的信，信纸大小：14.5cm×24cm。
此信件现存山西省临县县志办公室。

怀念在军事调处执行部的两位老首长

1946年1月10日，国共两党代表签订了"停战协定"，规定双方在1月13日午夜停止军事行动。为监督协定的实行，在北平成立了国共两党及美方参加的军事调处执行部。国民党的代表是郑介民，我方代表为叶剑英总参谋长，美方代表则是副国务卿罗伯逊。

1月14日，李克农同志率领部分工作人员（机要人员有吴振英、卫继烈和我）由延安乘美机C47飞抵北平。当天，叶总长也率领部分工作人员由重庆飞抵北平。叶总长给全体人员讲了话，阐明了我党的方针政策，要我们做好两手准备，既要进行有理、有利、有节的斗争，又要从坏的方面着想。他要求我们严守纪律，不受花花世界的引诱，不要玷污共产党员的光荣称号，必要时还要牺牲自己的生命。

中共代表团大部分人员住在南河沿的翠明庄。国民党特务机关励志社也设在这儿。我们曾发现服务人员中就有带手枪的。开始，国民党对我们进行暗中监视，气氛还不那么紧张，后来就公开露面了。1946年蒋介石破坏了停战协议，反动气焰更嚣张了，特务不断跟踪我们，连坦克也出动了，不时在我们驻地周围巡逻。宋时轮同志的专车还被特务开枪打了几个洞。我们的伙食标准也比以前下降了许多。

我们机要办公室在翠明庄二楼靠南河沿大街的一面。叶总长对我们很关心，常到办公室看望我们，并叮嘱，万一国民党把我们抓起来，一定要保障密码的绝对安全。如果国民党特务想闯进房间，我们要用床和桌子把门顶住，用事先准备好的汽油，尽快烧掉密码。他还给我们做了示范动作，并教育我们要有坚贞不屈的革命品格。叶总长的话给我们以温暖，也给了我们战胜敌人的力量。

叶总长很谦虚，平易近人。在延安杨家岭时，我们组织了一个小乐队，每周为中央首长和跳舞的同志伴奏。叶总长喜欢广东音乐，他会打洋琴，还和我们一起伴奏。在军调部时，他起草的电报，还征求过我们的意见哩！他谦和的美德永远珍藏在我们心里！

军调部的另一位首长是李克农同志。他是军调部我方的秘书长，直接领导机要工作。他也很关心我们,由于机要人员受工作条件限制,接触面不广,他就设法找机会培养锻炼我们。我记得在40年代,延安"鲁艺"曾派金紫光同志到北平采购管弦乐器。李克农同志知道我也懂点乐器,就叫我陪金紫光一起去。我们在北平跑了好多地方,最后在东安市场的华明乐器行买了一批乐器。

有一次在军调部,为了一把意大利小提琴,我和荣高棠同志争执起来。我为了给中央机要处弄把提琴,奋力争要,而荣高棠同志也毫不手软,我们争论得各不相让。最后,克农同志当了"裁判",把提琴判给了我。我像争得冠军一样高兴,十分感谢克农同志。这把提琴为活跃中央机要处的文娱生活,立了汗马功劳。在跟随毛主席转战陕北中,它是我们的亲密伙伴,是一件珍品。

1946年4月8日,刚出国民党监狱的叶挺、邓发及王若飞等同志,从重庆飞回延安。在途中,飞机不幸在山西兴县的黑茶山遇难,大家很悲痛。我们军调部拟举行追悼会。克农同志把筹备工作交给我,那时我刚20岁出头,接受这个任务又激动,又有几分紧张,想到组织对我的信赖,还是努力去做了。追悼会的会场布置在翠明庄的食堂,会场的天幕用的是白布,并挂有"四·八烈士永垂不朽"的字幅,显得庄严肃穆。克农同志来检查,他要我们把白天幕换成黑色的,并增补了党旗。这样一来,比我们原来设计的更加庄重了。参加追悼会的除我部全体人员外,还有国民党代表和各界知名人士,美方的罗伯逊也来了。当时没有乐队,由我用大提琴演奏,哀乐的曲调用的是列宁很喜欢的《光荣牺牲》的曲子。那时我刚学大提琴,虽然水平不高,但我非常动情地含着眼泪演奏,琴声与大家的哭泣声融合在一起,全场沉浸在深深的悲痛中。克农同志说,我们一定要化悲痛为力量,继承烈士未竟之业,斗争到底。他那悲壮激越的音调,至今还常在我脑海中回荡。

我的两位敬爱的首长虽均已仙游而去,但他们对我的关怀与培养,我将永生铭记。

◎本文原刊于杨复沛、吴一虹主编:《从延安到中南海——中共中央部分机要人员的回忆》,北京出版社1994年版。

图8-59：1946年4月，吕诚华（第二排左一）与北平军调部中共代表团部分成员在翠明庄的东门合影。

图 8-60：1946年，吕诚华于北平。

图 8-61：中央机要处小乐队，1946 年 11 月摄于延安杨家岭机要处窑洞前。第一排：宋继叶（三弦）；第二排左起：唐本（小提琴）、吕诚华（小提琴）、杨军（二胡）、汪导洋（扬琴）、李士宾（二胡）、张松峰（大鼓），第三排左起：田敬文（笛子）、张四知（笛子）、汪导海（手风琴）。

延安的物质匮乏，文化生活单调，机要处里年轻人又多，他们对文化娱乐的要求高。针对这种情况，机要处李质忠处长积极支持年轻人组织各种文体活动，还成立了自己的小乐队，二胡和笛子是自己动手制作的，扬琴是延安制造。傍晚休息时间，机要处的小乐队和延安"鲁迅艺术学院"的乐队在延河边打对台，你奏一曲我奏一曲，有助威的，有围观的，好不热闹。延安杨家岭中央大礼堂旁边有一个小礼堂，周末，在这里举行舞会，中央机关里喜欢跳舞的人都会去，毛泽东、朱德、刘少奇、周恩来、叶剑英等领导和国际友人都曾在舞会上跳过舞，为舞会伴奏的是机要处的小乐队。撤离延安时，尽管每人要背的东西已很多，但大家坚持把乐器带在身边。每到一个驻地都会响起音乐，老乡都以为他们是文工团的。

机要歌

一九四六年

词曲作者：汪导海、吕诚华、薛志学

电话铃响，

催着我起床，

拾起这美好的睡梦，

伴随着闪耀的星光，

灯儿明精神爽，

它为人民发光，

我为人民工作忙，

刹那间，

白幕已上窗，

公鸡啼，

麻雀嚷，

为何夜不长，

这艰苦的工作，

从白天到夜晚，

从夜晚到白天，

努力工作，

东方已发出光芒，

革命胜利是从暗到亮，

努力工作迎接胜利的曙光。

图 8-62：延安杨家岭中央大礼堂旁边的小礼堂，2016 年拍摄。

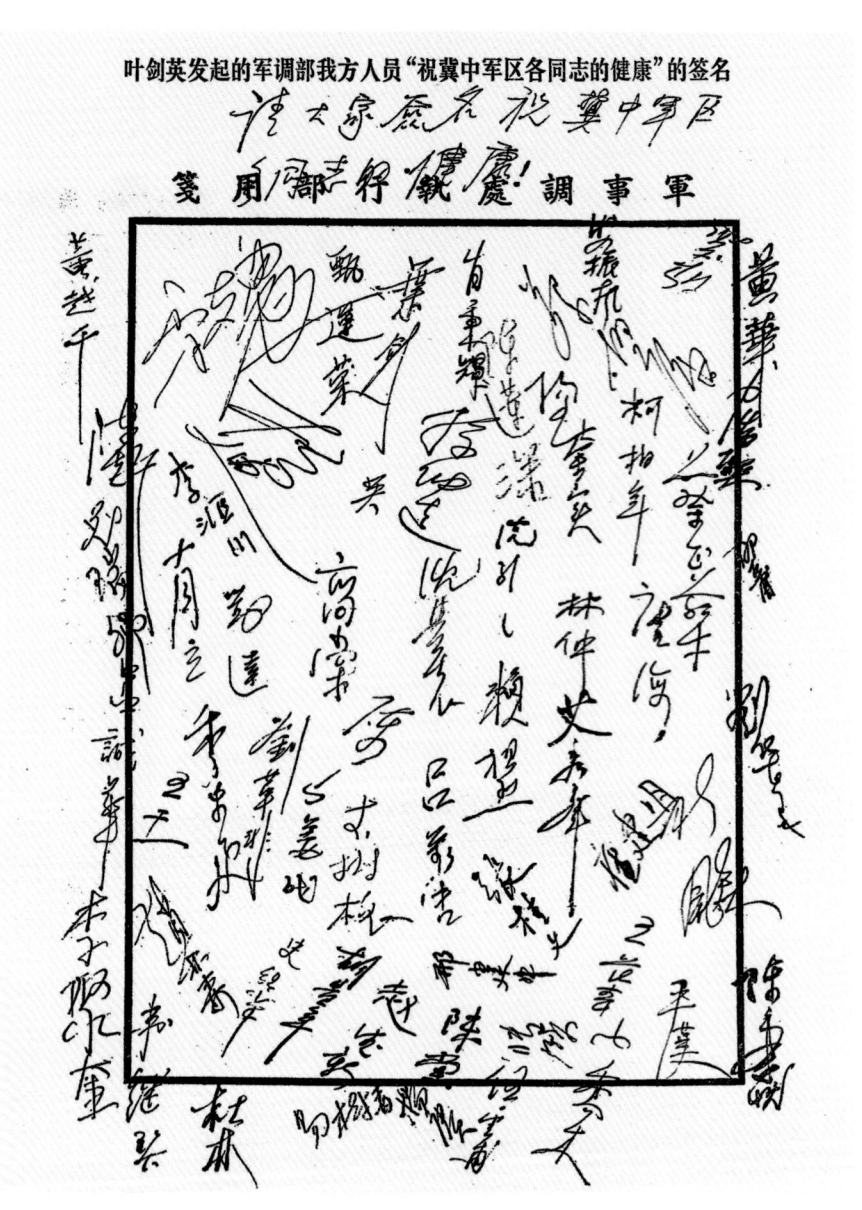

图8-63：叶剑英1946年1月22日发起军调部我方人员"祝冀中军区各同志的健康"的签名。签名者为：叶剑英、罗瑞卿、李克农、耿飚、(荣)高棠、伍云甫、李聚奎、赖祖烈、黄华、乔木（乔冠华）、柯柏年、董越千、刘革非、沈其震、李汇川、刘达、肖立、李树槐、陈秉忱、沈行之、陈山、姜成、肖秉璋、陈莲深、欣远、吕诚华、林仲、唐海、余实、蔡正华、张桂文、崔建明、赵林森、邢建中、杜林、王干一、易树青、赵德新、甄运荣、陈堂、杨赓、杨迪等59名同志。

第九章

革命伴侶

吕诚华和徐茵少年时期受中国共产党的影响走上抗日救国的道路。两人分别从山东和山西来到延安，在这里相识、相知、相爱，共同生活了63年。虽然因为党的工作需要他们是离多聚少，但他们对爱情忠贞不渝，相互扶持走完人生。

从吕诚华晚年在徐茵因病去世后的一篇怀念文章中，能见到他对终身伴侣的深深思念和眷恋。

怀念最疼爱我的老伴儿

2007年2月24日19时22分，最疼爱我的，也是我最疼爱的老伴儿徐茵走了。从此我就成了一个孤老头，只能在深深的思念中度过，回首六十三年相濡以沫、坎坎坷坷的工作和生活，多少往事涌现心头。

徐茵1937年参加革命，曾先后在陕西安吴堡青训班、延安青联办事处、陕北公学和中央党校学习和工作过。

1940年3月7日，她和赵雪明同志从中央党校奉调到中央机要科，从此她就在机要战线上奋斗了一生。先后在中央机要科、中办机要处、八路军120师司令部机要科、中办机要局、辽宁省委机要处、中央办公厅机要局等部门工作过。由于她在群众中威信高，所以在五十年代杨尚昆任中央办公厅主任期间，曾被选为中直机关党委委员，是我党我军机要战线一位埋头苦干的忠诚战士。

同时她又是一位好妻子、好母亲、好媳妇、好婆婆，也是我政治上志同道合的好同志。

我是1942年夏天，从延安自然科学院调到中央秘书处机要科的，就编在徐茵领导的小组里。从此，我们相识，相知，相爱。1944年6月30日晚，在延安杨家岭中央大礼堂举行的集体婚礼上我们结为夫妻，开始走上了漫长的共同生活之路。

1945年3月，我们的第一个孩子出生了。当时延安的生活条件非常艰苦，政治协理员曾三同志力劝我们把孩子送人。无奈之下，在孩子三四个月大的时候，将他送给了陕甘宁边区的一个工人家庭。孩子送走的当晚，我们俩翻来覆去怎么也睡不着，摸摸孩子睡过的小土洞，孩子不在了，不由自主地大哭起来，我们的窑洞也显得格外空旷，我们商定还得把孩子尽快地要回来！

第二天，我们俩过了延安河，顺着小路走到那位工人家附近，她躲在高粱地里，我就跑到那位工人家里，在我苦苦哀求之下，才把孩子抱了回来。我们想，不论生活多么艰苦，也要亲手把孩子抚养成人。当时徐茵没有奶水，每天我们只好到大食堂等小米饭快熟的时候，舀上面一层比较有营养的小米汤回来喂孩子吃。后来，在大家的帮助下，我们买了一只山羊，给孩子喝羊奶，但不幸的是山羊被狼给叼走了，又不得不再买了一只羊，才渡过了难关。

1945年8月15日日本投降后，黄友凤同志和赵雪明同志随延安的大批干部赴东北建立根据地，把他们的女儿黄玲玲留给我们照顾，徐茵就像对待自己的亲生女儿一样关爱她，直到1948年她被接走。

1946年元月14日，我随中共代表团的人员飞抵北平参加由国共两党和美方组成的军事调处执行部，监督国共两党停战的工作。1946年下半年，国民党撕毁停战协定大举进犯解放区，我随中共代表团的人员回到延安。当时形势紧迫，国民党准备大举进攻延安。为了安全，组织上将徐茵安排到山西兴县八路军120师司令部机要科工作，从延安到兴县有好几百里，还要东渡黄河，我牵着毛驴驮着徐茵和两个孩子一起上路，一路上还遭遇敌机的扫射，情况非常危险。

1947年春，国民党军队大举进攻延安，党中央成立了前委、后委和工委，分别撤离延安。我先后在后委和前委工作，徐茵随工委到了晋察冀边区的阜平。1948年我也跟随毛主席、周副主席和任弼时等前委领导同志到了阜平。后来党中央就在平山县的西柏坡，机要处就在附近的北庄。从此，我们俩才得以团聚。

1949年4月，我们跟随党中央进驻北平香山。同年11月我们的第二个孩子在北京医院出生了。1952年第三个孩子出生于妇幼保健医院。1953年徐茵在马列学院学习时，第四个孩子在协和医院出生。

1952年底，我带领一批机要人员入朝轮换志愿军司令部机要处的同志。1956年，我改行在20兵团任防化兵部主任。中央办公厅机要局和李质忠等领导同志对我们非常关心，为了便于夫妻团聚，1955年10月调徐茵到辽宁省委机要处任职。她独当一面，担负着繁重的工作。她带着四个孩子，工作干得很出色，受到了领导和同志们的赞许，真不容易！

1958年初，我跟随孙继先同志到大西北参加组建我国第一个导弹试验基地的工作，组织上又把徐茵调回北京。这时，我也把我的老母亲从老家接到北京。

她对我母亲照顾得特别好，下班回来首先就是关照婆婆，外出时，她总是寸步不离地搀扶着老人，国防科委20基地在北京的留守处大院的邻居都夸她是个好儿媳。在"文化大革命"中，徐茵于1969年下放到江西进贤中办五七干校劳动。

1971年，我母亲临终前盼望能和好儿媳再见一面。但五七干校就是不批准徐茵请假，未能如愿。

她与我的亲戚朋友相处也很融洽。我两个妹的生活比较困难，逢年过节她都催我给她们寄钱，而且总嫌我寄少了。自从机要局从香山搬到府右街后，孩子们分散在北京四个地方，老大在万寿路上学，老二在香山，老三在府右街，老四在马列学院。那时交通很不方便，但她每星期六总要把孩子们接回来，星期天再把她们送回去，真不容易！她对孩子们不仅生活上关照，而且政治思想上的要求也非常严格。在她的影响下，孩子们虽然不算出众，但都能遵纪守法，老老实实地学习和工作，而且都入了党。

我在酒泉试验基地工作了13年，在太原试验基地工作了5年，由于任务繁重，有时假期也不能回家，逢年过节还得下部队和战士们在一起，家里事只能由她一个人承担。有了她，我就有了一个温馨的家。

徐茵对我不仅在生活上体贴入微，而且在政治上对我也帮助很大。1958年在批判彭德怀"右倾错误"时，我因有过对大炼钢铁得不偿失的言论受到错误的批判。她总是体谅我，从政治的高度开导我，在精神和思想上帮助和支持我，她就是我志同道合的伴侣。

我们结婚以来有22年是处于两地分居的状况。1982年她先于我离休了，1985年我也离休了，这才有机会一块欢度晚年。我决心好好照顾她，报答她的辛劳。不幸的是，1996年她得了输尿管癌，动了大手术还割掉了左肾。1997年又做了膀胱癌手术。1999年骨折，又做了股骨颈置换手术。这给她的身体和精神上都造成了很大的伤害，但她非常坚强。面对生死，她很坦然，并与病魔作了顽强的抗争，最后终因肺心病不治而离开了我们。

我很愧疚，没有尽到一个丈夫应尽的责任，但我这一生有她这样的伴侣是我的福分，是我的宝贵财富。多么希望她能多活几年，但终究是无法挽回了。最疼爱的老伴，我想，你走在我的前头给你带来的痛苦要少一点，我可以经常给你扫墓。安息吧，永远想念着你。

你最疼爱的老伴儿：诚华
2007 年 8 月 24 日

图 9-01：徐茵（1918 年 8 月 24 日—2007 年 2 月 24 日）

山东省临沂市郯城县马头镇，沂河流经此地，清代以前，这里水路交通方便，商船停泊，车水马龙，驿站林立，故名码头，后人简化为马头。

图 9-02：山东省临沂市郯城县沂水河畔的马头镇，2018 年 5 月 23 日拍摄。

图 9-03：山东省临沂市郯城县马头镇刘家街，2018 年 5 月 23 日拍摄。

徐茵原名徐秉秀，1918 年 8 月 24 日出生在马头镇刘家街一大户人家，有祖父（1928 年去世）、祖母（夏氏）、后祖母、父亲、母亲、叔叔（后祖母所生）、婶母、五个姑姑（其中三个为后祖母所生）。徐茵有兄妹五个，她排行老二，上有兄长，下有三妹、四弟和五妹。叔叔有六个儿女。家里有十九间瓦房，六栋小楼，草房数间，耕地四百余亩，酒坊和油坊各一座。

抗日战争期间，徐茵家的大部分房子被日军烧毁。她的父亲曾被土匪绑票一次，家人变卖了很多资产将他赎回。因家里很多人参加八路军，国民党政府认为他家与共产党有联系，迫害她的家人，家境逐渐衰落。

图 9-04：徐茵的父亲徐霞沧，师范毕业生，思想开明，主张男女平等。他教育徐茵要独立自强并鼓励她读书识字。他曾对徐茵讲："就是卖地，也要供你上学。"民国时期，他还出资在镇上创办了一间"启新女子小学"。

图 9-05：徐茵的大哥徐根，原名徐秉悦。1936 年，他在青岛市立中学读书时加入"中华民族解放先锋队"，发动学生及群众开展抗日运动。

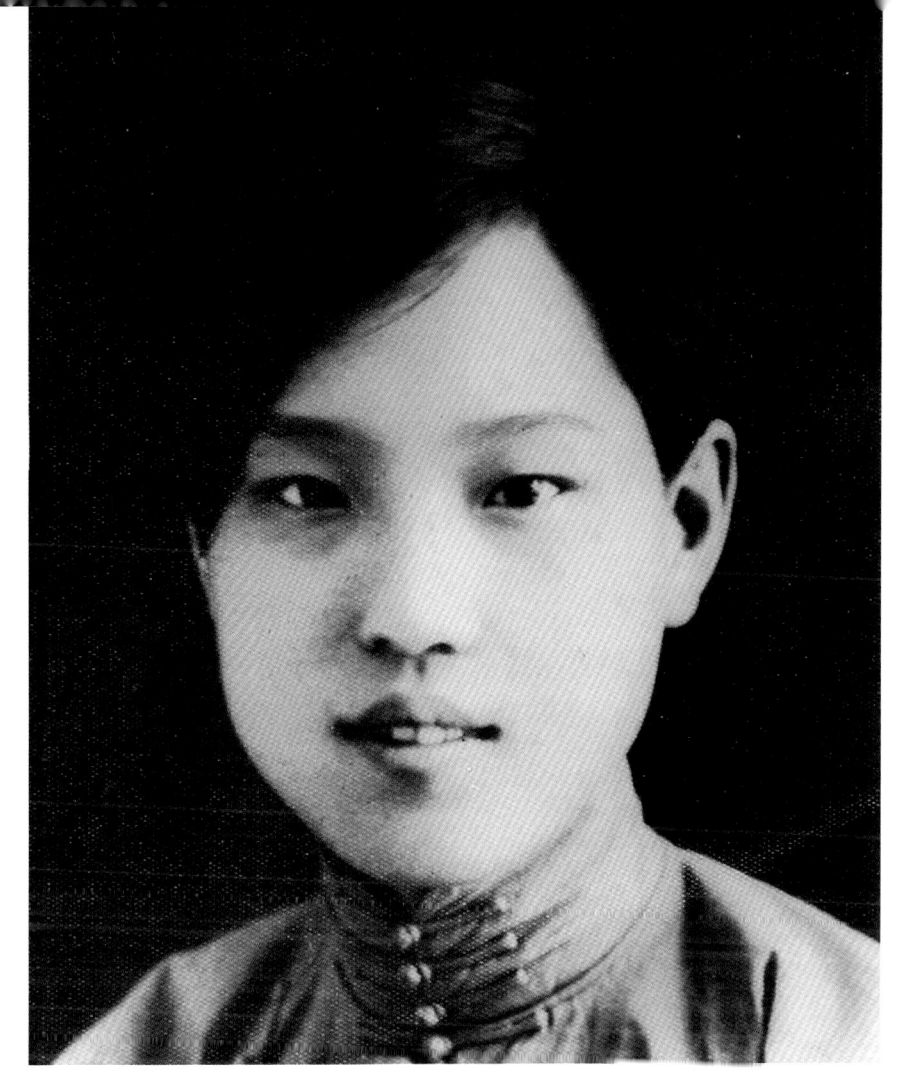

图 9-06：徐茵原名徐秉秀，1936 年摄于山东临沂。

  徐茵八岁时开始在"启新女子小学"上初小，十二岁初小毕业后，考入县立第三高小。学校的历史兼音乐教员刘之言（1906—1933，山东郯城县马头镇人，1924 年加入中国共产党，1929 年成立中共"鲁南第一支部"，任书记）和语文教员孙镇国（1904—1933，山东临沂人，1926 年加入中国共产党，任"鲁南第一支部"组织部长）在学校宣传进步思想。孙先生给学生讲的两个文学小品《未来的世界》和《梦》，描述了一个平等、幸福、理想的国家。刘先生教学生唱《世界大同》歌，深刻影响了徐茵的人生。1933 年两位先生组织领导苍山暴动失败，英勇就义。她得知后非常难过。1932 年她考入省立临沂中学。

第九章　革命伴侣

1937年10月，日军占领了济南。徐茵不愿循规蹈矩留在家里，她渴望新的生活。大哥徐根要去延安参加抗日，她要求跟大哥一起去。她的双亲舍不得，担心一个女孩子外出不安全，她表达了坚决要去延安的决心，他们也就不再阻拦了。她和二叔徐敬君、四姑徐忆莲、大哥徐根四人一起离开家乡。一行人坐马车到新安镇，再从新安镇乘火车到徐州，然后又从徐州转乘到西安的火车。日军的飞机经常轰炸，火车走走停停，从徐州到西安原本一天半即可到达，结果一个多星期后才到达西安。到西安后，一行人首先找到了八路军西安办事处。

　　徐茵的二叔徐敬君认识八路军西安办事处的国时光同志，经国时光介绍，1937年12月她进入了"安吴堡青训班"（位于陕西泾阳县安吴镇安吴堡村）学习。"青训班"每期约三个月的时间，主要是学习抗日的道理、抗日统一战线和游击战的知识，同时也需要鉴别学员是否是国民党派来的特务。学校的生活条件很艰苦，同学们都睡在稻草或麦草铺的地铺上，但学员间互相帮助，大家都很快乐。从延安来的同志经常讲一些关于延安的情况，听后，她很向往延安。经刻苦学习后，她如愿考上了陕北公学。

图 9-07：八路军西安办事处纪念馆，2018年4月13日拍摄。

图9-08：安吴青年训练班纪念馆，2018年4月14日拍摄。

图 9-09：1938 年，徐茵于延安。

1938 年 4 月，徐茵来到延安，进入陕北公学学习，主要学习马列和毛泽东主席的著作。学校为抗日前线培养和输送骨干力量。同年 5 月，她加入了中国共产党，6 月转入桥儿沟党校学习。

1938 年 10 月，徐茵被调回安吴堡青训班工作，任少年连干事，同年 12 月转青训班人事科工作。

图 9-10：陕西延安宝塔山、延河，2017 年拍摄。

1939 年 7 月，徐茵结束青训班的工作后，返回延安。这次回延安是步行，西安与延安相距约 800 里，因需避开敌人的封锁，要沿着崎岖的山间小路绕行，所以实际走了 1000 多里。时值酷暑盛夏，天气炎热，下雨时，道路泥泞，每个人还要背行李和小米，负重共有二三十斤。没走多久，她的脚上便磨出了水泡。到了宿营地不能马上休息，还要借锅做饭。一行七八个人没有携带武器，晚上睡觉时总要留两个人拿着木棍站岗放哨。

图 9-11：陕西延安杨家岭，1938年11月至1947年3月中共中央机关所在地，2017年拍摄。

1939年7月，徐茵被调到延安"青联办"工作，其间她工作认真而且实干，曾任党小组长。同年10月她被保送中共中央党校学习，学习期间她被选为班

级娱乐干事。由于学习和生产积极主动，能干，她还被评为劳动模范和工作模范。在党校里她还结识了一生都能推心置腹的亲密战友赵雪明。1940年3月8日，她和赵雪明一起被调到中共中央机要科工作。

图 9-12：延安杨家岭中央机要科，2016 年 3 月 20 日拍摄。

1940 年 3 月，徐茵来到延安杨家岭的中央机要科工作，任译电员。机要员要对党忠诚，立场坚定，严守机密，遵守纪律，精研业务，无私奉献。

机要工作，特别强调机密、及时和准确。徐茵不仅政治上合格，业务上也精益求精，为了练习译电速度，她用明码读报纸。她明码加密的译电速度每小时可达到 1000 字以上，一般熟练的译电员，每小时只能译 400—500 字。毛主席的电文最难译，他写的字不仅潦草而且勾画又多，她凭多年的经验，根据上下文把毛主席的电文译得十分准确。战争期间，一个字的误译就可能造成成千上万战士的牺牲。

当时在延安生活非常艰苦，每人每月的津贴只有一块钱。有好东西，大家共同享受。棉衣三年一套，天热了，抽去棉花作夹衣，到冬天再套成棉衣穿。棉衣实在不能穿了，就撕成布条，打成"草鞋"再穿，这种鞋比草打的鞋穿起来舒服。牙刷的毛掉了，牙刷的木把或骨头把是舍不得丢的，再用猪鬃或马尾扎上去，继续用。没有牙膏就用食盐。洗衣服没有肥皂就用草木灰水，当地有一种野草叫灰灰菜，也可以洗衣服。吃的主要是小米，因粮食紧张，有时每天只有两稀一干。油和菜也很缺，清水煮白菜、胡萝卜或土豆就算是好菜了。

1942年吕诚华从延安自然科学院毕业后，被分配到中央机要科工作。他与徐茵在工作和生活中相识、相知、相爱。

1944年6月30日晚，两人在延安杨家岭中央大礼堂举行的集体婚礼上结为夫妻。

图9-13、9-14：延安杨家岭中央大礼堂，2016年3月20日拍摄。

图 9-15：1947 年吕诚华、徐茵于山西兴县。

图9-16：1988年吕诚华回延安，在曾居住的窑洞前留影。

1945年3月徐茵和吕诚华的第一个孩子出生了，他们在自己的窑洞里挖了一个小土洞放孩子。

图 9-17：1946 年徐茵与儿子加令在延安。

图 9-18：1946 年徐茵与战友赵雪明的女儿黄玲玲在延安。

图 9-19：山西兴县晋绥边区行政公署，2015 年 4 月 19 日拍摄。

  1946 年下半年，国民党军队进犯延安，中央机关被迫从延安撤离。因为徐茵带着两个孩子，随中央机关转移不方便，她就被安排到山西兴县八路军 120 师司令部机要科工作。延安到兴县有几百里地，吕诚华送徐茵和两个孩子去那里。他牵着一头毛驴在前面走，驴背上驮着徐茵和两个孩子，一行四人穿过陕北的黄土高原，东渡黄河，翻越山西的吕梁山，躲避国民党军机的扫射，历尽艰辛终于到达兴县，来到兴县县城吕诚华的家。这是他离家九年后第一次回家，因那个年代没有通信渠道，他的母亲一直没有儿子的音信，不知他的生死，几乎哭瞎了眼。见到儿子回来了，还带来了儿媳妇和孙子，万分喜悦，一家人终于团聚了。吕诚华将徐茵和两个孩子安顿好后，就匆匆赶去从延安撤离到山西临县三交镇的中央机要处。

  徐茵住在婆婆家里的时候，每天她第一个起床，做好全家人一天的饭菜。吃完早饭，她就马上赶去县里的晋绥公署工作。吕诚华的两个妹妹（雨梅和秋梅）一人背上一个孩子，婆婆提上饭菜到山沟里躲避国民党军机的轰炸，直到天黑了才敢回家。平时一有时间，徐茵就教两个小姑子识字。

第九章 革命伴侣

图 9-20：1949 年北京香山中央机要处旧址，2021 年 4 月拍摄。

镇芳楼原为香山慈幼院董事会、院务会办公地。镇南房原为慈幼院男教室。1949 年 3 月 25 日，中共中央机关进驻香山后，此处为中央机要处办公居住地。

机要处在香山期间，徐茵任中央机要处副科长、科长，曾被选为中直机关党委总支委员、党委委员。

图 9-21：1950 年，吕诚华、徐茵夫妇于香山。

1952年9月，经组织推荐，徐茵考入马克思列宁学院。学习三年，于1955年7月毕业。

图9-22：1955年马克思列宁学院第二部第七班毕业合影，前排右二为徐茵。

图 9-23：1956 年，徐茵与四个儿女。

1952年后，因工作需要，吕诚华、徐茵夫妇长期两地分居，徐茵独自抚养四个孩子长大成人。

图9-24：1957年2月22日中共辽宁省委机要处全体同志合影，第二排右三为徐茵。

1955年10月，徐茵调辽宁省委机要处工作，任副处长、处长。其间，机要处大精简，从五十多人减到只剩十八人，但工作量不减。她耐心给大家做思想工作的同时，发挥自身技术全面、业务能力强的优势，用"身教"带动大家，克服困难完成任务。

图 9-25：1960 年吕诚华全家在北京合影。

第九章　革命伴侣　215

1960年2月，徐茵调回中共中央办公厅机要局，任技术处处长，其间主要负责译电技术的革新。

图9-26：1963年中共中央办公厅机要局办公楼前合影，左四为李质忠局长，左二为徐茵。

图 9-27：1970 年徐茵（前排左一）在中共中央办公厅江西省进贤县五七干校工业连后勤组劳动时与中办机要局下放干部合影。

  1969 年 1 月，徐茵被下放到江西进贤中办五七干校。虽然她已是五十开外的人了，但依然同大家一起下地干活儿，生活上还主动照顾有病的同志。

  直到 1978 年 8 月，她才从五七干校回到中共中央办公厅机要局工作，1982 年 8 月离休。

第九章 革命伴侣

图9-28：2004年6月30日全家庆祝吕诚华、徐茵夫妇结婚60周年。摄于北京北四环海泰大厦。

60多年前，两个分别来自山东和山西，相隔千山万水的青年，怀着抗日救国的信念，相识、相爱在延安，并从这里走上共同生活的人生，无论是在战争时期，还是在和平年代，无论是在生活上还是在工作上，他们总是能相互扶持和鼓励，相互理解和包容，一起走过了60个春夏秋冬。

图 9-29：吕诚华、徐茵夫妇于香港太平山顶，2004 年 11 月拍摄。

第九章　革命伴侣　219

徐茵画作
纪念周总理一百周年诞辰
长九十七厘米，宽五十一厘米

纪念 抗日战争
　　胜利五十周年

乙亥年七月　徐茵

徐茵画作
纪念抗日战争胜利五十周年
长九十七厘米，宽五十三厘米

1964年吕诚华于流经20训练基地场区的若水河冰面。

后 记

我在家里排行老四，一生中我与父亲总是聚少离多，我出生时，他在朝鲜战场；我懂事了，他在祖国的大西北；我工作了，我们还是相距千里，处在不同的岗位上。

我在孩童时，父亲每次休假回家，虽然时间很短，但都是全家最欢乐的日子。他像个孩子头儿，教我们游泳和滑冰，带我们逛庙会。我们长大了，他是个严厉的父亲，谆谆教导我们。我们有儿女了，他是个慈祥的长者，弄孙辈于膝下。

他与我的母亲相识、相知、相爱于延安，早年因工作需要，两人长期两地分居，但对爱情忠贞不渝，晚年长相厮守。他对我的奶奶言听计从，奶奶胃癌住院期间，他每天下班都要到医院看望奶奶，就是开会到半夜，他也要去医院探望。

父亲生前很少谈他过去的经历，你要是问他，他也只是轻描淡写地讲上一两句。在他永远离开我们之后，我才可能阅读他留下的笔记，更多地了解一些他多彩的一生。他曾任毛泽东主席、周恩来总理机要秘书，参加了抗日战争、解放战争、抗美援朝和国家"两弹一星"的工作。他一生诚实做人，认真做事，将党交给的工作当成自己毕生的事业来完成。

为了更好地了解父亲，我用了三年时间，行程几万里，沿着他曾经走过的路，到他生活和工作过的地方，寻找父母革命历程的足迹，实地体验他走过的道路，现场倾听他们那个战斗的历史的回声，缅怀他的人生历程，以期在漫长的革命斗争的长河里，与父母的情怀产生共鸣。

山西兴县县城里他出生的石窑虽在，但早已物是人非。从兴县一路向西，跨过黄河便是延安，攀上黄土高原，雄伟的宝塔山巍然屹立，这就是当年千千万万抗日青年向往的地方。

坐在延安杨家岭中央大礼堂的长椅上，体会着在那个烽火连天的年代，父母和一群进步青年，冲破包办婚姻的藩篱，在这里与自己相爱的人结为伴侣。

在杨家岭中共中央机关驻地的山坡上，找到了父母曾经居住的窑洞，尽管已坍塌得几乎没顶，但我似乎仍能听到尚年轻时代的父母在那里的欢声笑语。70年前他们在这里孕育了新的生命，生活虽然艰苦，但其乐融融。

站在1948年毛主席率领中共中央前委东渡黄河的渡口，望着脚下的滚滚黄河，我真切地感受到伟人历史的脚步在这里迈过，全中国的解放就像这黄河之水势不可当。其间，我也隐隐看到父亲的身影，那么坚强，那么从容。

驱车颠簸在内蒙古额济纳旗茫茫戈壁滩上，寻觅50年前导弹、原子弹结合试验时的安全控制阵地，在阵地的方位兜兜转转就是见不到它的踪影，它就像"两弹一星"事业成千上万的秘密一样被埋藏在浩瀚的戈壁滩下。

在发射我国第一颗人造地球卫星"东方红1号"宏伟的钢铁发射架下，仰望太空，父亲在这里指挥完成了我国第一发地地导弹发射和第一颗人造地球卫星试验的开创性任务。我仿佛看到父亲那坚毅的目光，听到那果断的"点火"指令声！

本书完全依据父亲的笔记、工作日记、公开报道和有关访谈，加上本人实地踏访撰写，只为讲述一个忠诚战士的真实经历，为共和国相关历史添加一笔翔实的记录。

吕立宪

2023年6月16日

吕诚华生平大事记

1924 年 6 月 21 日，出生于山西兴县。
1937 年 10 月加入山西省兴县牺牲救国同盟会。
1938 年 2 月至 1938 年 5 月，八路军 120 师教导团学员。
1938 年 6 月至 1939 年 6 月，山西省兴县民族革命学校学员。
1939 年 7 月至 1939 年 11 月，山西大宁永和民运队队员。
1939 年 12 月至 1940 年 2 月，决死二纵队敌工队战士。
1940 年 3 月至 1940 年 4 月，120 师师部集训队队员。
1940 年 5 月至 1942 年 5 月，延安自然科学院学员。
1941 年 3 月加入中国共产党。
1942 年 6 月至 1945 年 12 月，中共中央机要科译电员。
1946 年 1 月至 1946 年 11 月，北平军事调处执行部机要员。
1946 年 12 月至 1947 年 10 月，中共中央机要处办公室秘书。
1947 年 11 月至 1948 年 5 月，中共中央前方委员会机要秘书。
1948 年 6 月至 1950 年 9 月，中共中央机要处三科机要股股长。
1950 年 10 月至 1951 年 6 月，中共中央机要处二科副科长。
1951 年 7 月至 1952 年 12 月，中共中央机要处二科科长。
1953 年 1 月至 1953 年 12 月，志愿军司令部机要处办公室副主任。

1954年1月至1955年6月，志愿军司令部机要处办公室主任。

1955年7月至1956年8月，志愿军司令部机要处集训队队长。

1956年9月至1957年12月，志愿军20兵团防化兵部主任。

1958年1月至1963年2月，20训练基地第一试验部综合处处长。

1963年3月至1965年6月，20训练基地第一试验部副部长。

1965年7月至1970年5月，20训练基地第一试验部部长。

1970年6月至1975年10月，20训练基地第五试验部部长。

1975年10月至1985年6月，国防科委科技部副部长。

1985年6月离休。

2012年7月去世。

参考文献

杨迪：《在志愿军司令部的岁月里》，解放军出版社1998年版。

周燕、东宁：《从大渡河勇士到导弹司令——开国中将孙继先》，九州出版社2017年版。

于庆田、崔秀敏主编：《天骄——我与中国酒泉卫星发射中心》，国防科技大学出版社1999年编印（内部资料）。

梁东元：《中国飞天大传》，湖北人民出版社2007年版。

李敏、高风、叶利亚主编：《真实的毛泽东——毛泽东身边工作人员的回忆》，中央文献出版社2003年版。

杨复沛、李庚奇主编：《光荣艰巨的历程——机要人员工作生活纪实》，中央文献出版社1997年版。

杨复沛、吴一虹主编：《从延安到中南海——中共中央部分机要人员的回忆》，北京出版社1994年版。

车瑞金：《中央后委在临县》，山西人民出版社2017年版。

图 4-01、4-02、4-03、4-04、4-06、4-07、5-01、5-02、5-04、5-06、5-07、5-10、6-01、6-04、6-20、6-25、7-04摘自《第20试验训练基地》编审委员会编：《国防科工委第20试验训练基地历史资料图册（1958.10—1988.12）》，国防工业出版社，1996年。

图 4-05、6-24、7-05 摘自《回顾与展望》编辑委员会编:《回顾与展望——新中国的国防科技工业(1949—1989)》,国防工业出版社 1989 年版。